음악과 함께 하는

태권도 안무론

송선영 · 이숙경 · 이선희 지음

박영사

서문

심신수양과 호신을 본질로 한 태권도는 늘 진지하고 엄숙한 느낌이었다.

겨루기 중심으로 발전하던 태권도는 1992년 개최된 제1회 태권도한마당에서 태권도 동작에 음악을 가미한 '건강품새'를 경연종목에 포함하였다. 이로써 엄숙하고 진지한 태권도의 형태에서 남녀노소 누구나 즐겁고 쉽게 수련할 수 있는 프로그램의 형태로 발전하였다.

이후 태권도의 수련형태는 매우 다양하고 화려하게 변화되어 왔다. 자칫 지루할 수 있는 수련과정에 음악을 가미하여 기술동작을 즐겁게 반복할 수 있도록 하였고, 이는 태권도 프로그램을 다양화하고 기술의 예술성을 높이는 계기가 되었다. 현재는 태권체조, 자유품새, 시범경연 등으로 음악을 가미한 태권도 수련이 보편화되어, 생활체육으로서 그리고 대중성과 엘리트 체육의 경쟁성을 두루 갖춘 태권도 형태로 활성화되고 있다.

음악과 함께 수련프로그램을 구성하고 활용하는 방법이 대중화되었음에도 종종 지도자들은 이러한 질문을 한다.

"태권체조는 어떻게 만들어요? 박자를 익히게 하는 방법이 따로 있나요? 어떻게 가르치죠? 어떤 동작으로 안무를 구성하면 좋을까요?"

이는 일선 현장에서 음악을 활용한 태권도가 수련생의 흥미는 물론 태권도 기술향상에 도움이 된다는 것을 알고 있지만 이를 체계적으로 구성하는 데에 필요한 요소와 활용방법에 관한 정보를 접할 기회가 없었기 때문일 것이다.

본서는 이러한 태권도인들의 갈증을 해소하기 위하여 출발하였다.

음악에 맞춘 태권도 수련프로그램을 처음 활용하여 보는 대학생, 그리고 태권도 안무에 대하여 전반적인 이해를 얻고자 하는 태권도 지도자들을 돕기 위하여 구성되었다.

태권도 안무란 무엇인지 그 개념과 특징을 설명하면서 1장을 시작하였고, 2장과 3장에서는 태권도 안무에 있어 매우 중요한 음악에 관하여 설명하고 구성동작 및 활용방법을 제시하였다. 이어 4장은 태권도 안무를 어떻게 지도하여야 하는지 그 방법을 설명한 내용이며, 마지막으로 5장에서 교육대상과 수련목적에 따른 태권도 지도안을 제시하여 실제 강의로 활용할 수 있도록 하였다.

본서는 음악과 함께 하는 태권도 수련프로그램의 이해 과정을 돕는 기초서로서, 지도자들이 더욱 체계적이고 전문적인 안무의 이해를 얻는 데 큰 도움이 될 것이다.

본서가 음악을 활용한 수련프로그램의 기본적인 이론의 틀을 무(無)에서 유(有)의 형태로 겨우 제시하였을 뿐, 아직 부족함이 많다. 그러나 지금의 작은 한 걸음이 향후 음악을 활용한 태권도 수련의 큰 걸음으로 밑바탕이 되기를 기대한다.

특히 많은 태권도 전공생과 지도자들이 본서를 통해 더욱 구체적이고 창의적인 태권도 콘텐츠 확장을 이루길 기원해본다.

2020년 2월,
저자 일동.

차례

I 태권도 안무의 이해

II 음악에 따른 태권도 안무 구성법

III 동작에 따른 태권도 안무 구성법

IV 태권도 안무 지도법

V 태권도 안무의 실제

I

태권도 안무의
이해

교육 목적	태권도 안무의 형성배경과 용어를 알아보고 태권도 안무의 목적과 방향성, 특징과 효과를 정확히 인지할 수 있다.

1.
태권도 안무의 형성배경

태권도는 심신을 단련하는 무예로 가장 한국적인 정서와 문화를 담은 세계적인 무도 스포츠이다. 오늘날 태권도는 스포츠적 요소를 가미한 경기 태권도와 체력단련 및 호신을 포함한 생활 태권도적 요소를 골고루 갖추고 세계화를 이루었다. 이에 태권도 지도자들은 글로벌 태권도로서 가능성과 활성화를 위해 평생 태권도를 지향하며 남녀노소 누구나 수련할 수 있는 즐겁고 유익한 태권도 프로그램을 개발하기 위하여 많은 노력을 기울이고 있다.

태권도 안무는 1970년대 후반 신체적 측면, 호신적 측면, 경기적인 측면에서 태권도의 긍정적 요소를 전파하기 위한 노력이 시작되었다. 기존의 수련형식에서 확장된 새로운 시도로서 '태권무'라는 명칭으로 전 군(軍)에 보급하게 되었다. 그 후 1982년 범기철 사범이 세종문화회관에서, 1987년과 1990년대에는 국립극장에서 음악에 맞추어 리드미컬하게 태권도 동작을 수행하는 '태권무' 작품을 공연하여 신선한 태권도 홍보 전략으로 각광을 받았다. 그 당시에는 태권도의 무도적인 이미지를 가미한 기본동작과 강렬하고 역동적인 발차기 기술을 한국의 전통음악인 민요, 국악 등을 사용하여 가장 한국적인 것이 가장 세계적인 가치임을 담고자 하였다. 태권무는 한국무용에서의 '무(舞)', 무술의 '무(武)'의 의미를 포함한 최초의 태권도 안무라 할 수 있다.

본격적인 태권도 안무는 1992년 태권도한마당에서 '건강품새'라는 명칭을 시작으로 공식적으로 발달되기 시작하였다. 태권도한마당 대회는 태권도의 무도성 회복과 다양성, 그리고 침체된 성인 태권도를 활성화하고자 경기 겨루기를 제외한 품새, 격파, 호신술, 태권체조 등의 경연으로 구성되었다. 1994년부터 '태권체조'라는 명칭으로 변경되었으며, 본격적으로 태권도 안무요소를 가미한 태권체조가 활성화되기 시작하였다. 1990년대 초기의 태권체조는 건강품새라는 용어에서 알 수 있듯이 건강관리 및 체력증진을 목적으로 태권도의 기본자세, 기본동작, 기본발차기, 가벼운 맨손 체조 등의 혼합과 에어로빅스의 유산소적인 요소를 가미한 태권도 안무가 주를 이루었다.

이후 세계태권도한마당 대회를 기점으로 태권체조가 대한태권도협회 공식경기로 채택되면서 태권도 지도자들은 새로운 프로그램 개발에 관심을 가지게 되었다. 이에 따라 흥미롭고 다채로운 태권체조의 개발이 시도되었다. 빠른 음악, 경쾌한 음악, 느린 음악 등의 다양한 접목을 시도하였으며, 다양한 예술분야의 안무와 음악의 접목은 곧 태권도 안무 구성을 더욱 확장시켰다.

더욱 편리해진 음악편집으로 직접 음악을 창작할 수 있는 태권체조 지도자들이 점차 증가하게 되었다. 또한, 태권체조분만 아니라 창작품새, 자유품새 및 태권도 시범 등에 맞는 음악을 이용한 다양한 태권도 안무 형태로 발전하고 있으며, 최근에는 공연예술로서 더욱 확장되고 있다.

2.
태권도 안무의 정의

안무란 음악에 맞는 춤을 만드는 일, 또는 그것을 가르치는 일을 말한다. 예술분야에서 주로 쓰는 말로 움직임을 디자인하는 것, 움직임 안에서 운동이나 형태가 규정되는 것이다. 이러한 안무에는 스토리와 느낌이 담길 수 있으며, 동작의 조합을 통해 개성과 의도, 창작자의 색깔이 분명하게 나타나는 표현형식이다.

태권도 안무는 태권도라는 불변의 소재가 가지고 있는 호신기술, 건강, 극기, 인내, 성취 등과 같은 태권도 수련의 가치들을 동작으로 조합하고 형식화하여 의도와 스토리를 구성에 담아 시각적으로 표현해주는 것을 말한다.

 태권도 안무

음악을 바탕으로 태권도 동작을 구성하고 연결하여 태권도의 특성과 목적, 그리고 수련의 가치를 시각적으로 표현하기 위한 동작의 조합 및 형식을 말한다.

태권도 안무는 태권체조, 창작품새, 자유품새, 태권도 시범, 태권도 공연 분야에서 다양한 형태로 이루어지고 있다. 세부적인 내용을 살펴보도록 하겠다.

1) 태권체조

태권체조는 건강증진을 목적으로 두고 1992년 태권도한마당 대회에서 건강품새로 시작되었다. 이러한 태권체조는 음악을 이용하여 리드미컬하게 움직이는 것이 가장 큰 특징으로 태권도 동작과 체조의 체형미, 에어로빅댄스의 경쾌함과 부드러움을 가미하여 빠른 음악에 맞춘 유산소 운동의 효과로서의 건강증진과 체력향상을 도모한다. 따라서, 국기의 상징인 태권도가 더욱 친근하도록, 나아가 세계화하기 위해 창안한 것이다.

다양한 음악과 리듬에 맞춘 태권도 동작을 알맞게 구성하여 신체의 성장 발달을 조성하고 건강과 체력을 증진하기 위한 태권체조는 태권도의 현대적 형태의 결과물이라 할 수 있다. 흥겨운 음악에 맞춰 태권도 동작을 하다 보면 스트레스가 해소되고 어렵게 느껴지는 태권도 동작을 쉽고 재미있게 이해할 수 있다. 또한 일정한 형식이 없기 때문에 수련생의 기량에 맞게 작품을 구성할 수 있어 일반인이 쉽게 태권도에 접근할 수 있도록 하는 활용 효과와 스트레스 해소 및 심신을 단련하는데 많은 이로움을 주고 있다.

체조, 에어로빅, 무용, 댄스, 스트레칭, 요가 등과 같이 태권도 외의 다른 분야의 안무를 혼합하여 음악과 함께 실시하는 태권도의 새로운 분야로 흔히 태권로빅, 리권, 태보, 태권댄스, 태권무, 태권스트레칭, 음악태권 등으로 불리어 왔으며, 이 모든 것을 일반적으로 '태권체조'라는 용어로 통용하고 있다.

 태권체조

다양한 음악과 리듬에 맞춘 태권도 동작을 구성하여 건강과 체력을 증진할 수 있다.
또한, 리드미컬한 움직임을 혼합하여 표현력 있는 신체와 운동능력을 즐겁게 향상하는
태권도 수련방법이다.

2) 창작품새

　　창작품새는 태권도교본을 바탕으로 다양한 기술동작을 응용하여 만든 새로운 형태의 안무를 말한다. 태권도 동작 위주의 구성이 우선되어야 하며, 동작 하나하나의 연결성과 실전성을 강조한다. 품새의 진행선과 연결동작에 의미부여가 중요하며 태권도정신과 무예적 가치를 높이 평가하기 때문에 음악선곡 보다는 태권도 기본에 충실한 창의성과 작품성이 더욱 강조된다. 현재 창작품새는 세계태권도한마당에서 주관하는 종목으로 필수동작을 포함한 창작품새와 팀종합경연 종목에 포함된 창작품새 구성으로 구분되어 활용되고 있다.

 창작품새

국기원이 발행한 태권도교본을 바탕으로, 품새 연무선과 음악의 조화를 통해 다양한 태권도 기술동작을 응용한 새로운 형태의 품새를 말한다.

3) 자유품새

　자유품새는 태권도 기술을 바탕으로 음악과 함께 어우러진 품새를 말한다. 태권도의 동작과 지정기술을 자유롭게 창작하여 수행하는 것으로 태권도 기술의 기본은 물론 난이도 있는 동작을 응용 및 구성하고 있다. 세부적인 기술 종목은 전체적으로 태권도 품새를 기본으로 하여 뛰어옆차기, 뛰어앞차기, 회전발차기, 연속발차기, 아크로바틱 등으로 구분하며, 선수가 표현할 수 있는 기량의 최고치를 안무하는 것이다.

　자유품새는 태권도 품새 기술체계에서 창작의 중요성이 매우 강조되며, 다양한 신기술을 만들어내고 있어 앞으로 발전 가능성이 높은 분야로 구성 동작을 더욱 돋보이고 표현하고자 하는 의도가 잘 나타나게 하기 위해서는 음악의 선곡과 동작의 조화가 매우 중요하다.

 자유품새

태권도의 기술을 바탕으로 안무와 음악과 함께 어우러진 품새를 말하며, 국기원에서 시행하는 창작품새와 다르게 자유품새는 태권도품새를 기본으로 하여 태권도 기술적 한계에 도전하는 스포츠적 요소를 가미한 품새이다.

4) 태권도시범

태권도시범이란 기본동작, 품새, 겨루기, 격파, 호신술 및 특기기술과 묘기 등을 구성하여 정해진 시간 내에 보여 주는 태권도의 종합예술이다. 즉, 시범이란 현재 상용되고 있는 태권도의 정신과 제반기술을 기반으로 다양한 공격과 방어를 구성하여 태권도의 정수를 보여준다. 관중들에게 태권도를 통한 교육적 효과 및 태권도의 우수성을 널리 알리고 보급하기 위한 총체적 행위이다.

태권도시범은 목적과 형태에 따라 시범자의 연령, 성별, 경력, 인원을 결정하고, 관중의 연령과 성별, 규모, 성향을 파악하여야 한다. 또한, 시범장소 및 격파물에 대한 사전 준비가 필요하며, 관중과의 거리에 따라 격파 파편물이 튀지 않도록 안전에 유의하여야 한다.

시범의 구성요소

시범자	관중	시범장소	격파물
연령 성별 경력 인원	연령 성별 규모 성향	실내 실외	송판 기와 벽돌 얼음 사과

시범의 구성요소가 결정되면 구체적인 프로그램을 계획한다. 이때 격파의 구성과 형태에 따라 음악과 안무를 구성한다.

시범의 프로그램 구성 세부 내용

 태권도시범

태권도의 기본동작, 품새, 겨루기, 격파, 호신술 및 특기 기술과 묘기 등을 구성하여 시범 경연대회용과 일반 관중을 대상으로 구성한다. 현재 발전하고 있는 태권도의 다양한 기술과 문화를 총체적으로 표현하는 종합예술 분야이다.

5) 태권도공연

공연 예술(performing arts)이란 시간예술과 공간예술 중에서 원작자와 감상자 사이에 예술 작품을 일차적으로 해석해 전달하는 매개자의 개입이 필요한 예술 장르를 말한다. 연극에서부터 뮤지컬, 퍼포먼스, 인형극, 무용, 연주회, 감상회, 대중음악, 라이브 콘서트에 이르기까지 공연장이라는 현장에서 직접 보여주는 무대예술의 총칭으로 기획 유형에 따른 조건, 문화 공간의 이념과 프로그램의 방향성, 출연자, 시설 및 규모에 따라 다양한 형태를 갖고 있다.

무대 위에서 관객과 직접 만나는 출연자 이외에도 무대제작, 조명, 음향, 영상, 특수효과, 의상, 분장 등과 같은 각 분야의 스텝들과 작가, 연출가, 안무가 등의 협동작업을 통해 이루어지는 공연예술분야를 말한다.

즉, 태권도공연이란 태권도를 매개로 다양한 장르와 융·복합화 한 무대공연을 의미하며, 스토리를 통해 관중과 공감을 형성하고, 소통함으로써 메시지를 전달하는 문화예술로서의 공연예술문화 형태를 말한다.

태권도공연

태권도를 매개로 다양한 장르로 융·복합화 한 무대공연을 의미하며, 스토리를 통해 관중과 공감을 형성하고 소통함으로써 메시지를 전달하는 문화예술로서의 공연예술문화 형태를 말한다.

태권도공연물

3.
태권도 안무의 목적과 방향성

태권도 안무는 시대적 흐름에 맞게 태권도의 장점을 극대화하여 연구개발 및 재구성할 수 있는 분야로, 태권도의 저변 확대를 위해 다양한 활용방법을 모색할 수 있다. 또한, 태권도를 처음 접하는 사람부터 유단자에 이르기까지 대상에 맞는 차별화된 수련방법을 제시할 수 있다.

음악을 이용한 태권체조의 경우는 태권도가 남자만을 위한 운동이라는 선입견에서 탈피하여 남녀노소 누구나 쉽고 재미있게 수련할 수 있는 운동이라는 사고의 전환을 이루는데 크게 이바지하였다. 또한 주의 집중을 높이고, 동작의 조합 및 구성 형식을 다양하게 시도해 볼 수 있으며 사회적으로 운동이 필요한 성인 여성이나 노인층 대상에게 프로그램을 제공할 수 있다. 또한 태권도 기량이 최고 정점에 있는 수련생에게 자기표현의 기회를 제공하여 심리적, 신체적 만족감을 얻을 수 있도록 한다.

또한, 전문적으로 수련하는 태권도 선수들이 경기력 향상을 위해 갖추어야 할 체력과 기본기술을 반복구성하거나, 긴장된 심신을 풀어주고 기술을 습득할 수 있도록 함으로써 태권도 안무의 활용 가치는 충분하다.

향후, 태권도 수련을 지속시키기 위해서는 다양한 동작의 개발과 영역의 확장이 필요하며, 태권도의 기본을 지키면서 프로그램을 개발함으로써 누구나 쉽게 태권도를 접할 수 있는 태권도의 활성화에 힘써야 할 것이다.

 태권도 안무의 목적과 방향성

누구나 쉽게 태권도를 즐겁게 접할 수 있는 기회를 제공하여 태권도 저변 확대의 역할을 담당해야 할 것이다.

4.
태권도 안무의 특징과 효과

1) 태권도 안무의 특징

(1) 음악 사용

태권도 안무는 다양한 음악을 이용한 프로그램으로 흥미롭게 태권도를 수련하는 방법을 제시해준다. 기존의 딱딱한 이미지로 인해 자칫 지루해질 수 있는 태권도 수업에 음악을 가미해 흥미롭게 접근할 수 있으며 구성의 의도와 목적을 전달하는 데 큰 역할을 한다.

(2) 태권도 동작의 연결

태권도를 통해서 전달하고자 하는 의도나 느낌, 핵심적인 목표를 위해 동작을 조합하고 연결한다. 동작 구성과 연결로써 단순한 기술훈련만이 아니라 흥미 유발, 건강 증진, 운동기능 향상, 기술 숙달을 위한 반복 패턴, 태권도 우수성 홍보 및 보급 등 전달하고자 하는 목표가 명료하다.

(3) 태권도 외 다양한 동작의 결합

태권도 안무는 종종 태권도와 다른 기세의 움직임 동작을 결합함으로써 다양한 운동능력 개발에 용이하다. 시대적으로 변화하는 흐름에 대하여 감각적으로 반응하므로 여러 분야에 잘 활용된다.

(4) 대상의 연령, 수련 기량에 따라 강도 조절이 가능

수련생 연령에 따라 음악을 선정하고 동작을 구성할 수 있으며, 태권도 수련기간의 유무에 따라 동작을 구성 가능하다는 특징으로 수련생들의 흥미유발은 물론 기능을 향상시키는 데 효과적이다. 이러한 점에서 태권도 안무는 수련생에 따라 수련내용을 구성하고 보완할 수 있는 선택의 폭이 넓다고 할 수 있다.

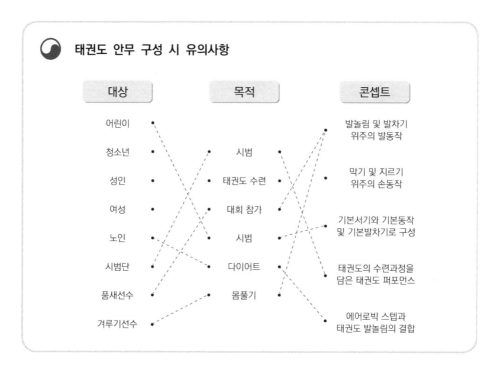

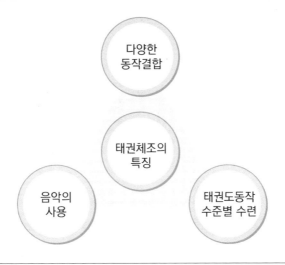

2) 태권도 안무의 효과

(1) 신체적인 측면

태권도는 다양한 발차기와 서기자세, 방어 동작들을 통해 균형 감각을 기를 수 있을 뿐만 아니라 위협으로부터 대처할 수 있는 호신능력을 갖출 수 있게 한다. 또한, 격투기 운동인 태권도 동작을 음악에 맞춘 유산소 운동으로 전환하여 체지방 연소의 효과를 증대시킬 뿐 아니라 근력 향상의 효과를 볼 수 있다. 그리고 유연하고 부드러우며 강한 동작을 동시에 적용하기 때문에 근력과 순발력 등 모든 기관에 에너지를 발생시켜 전체의 신체 기능을 골고루 발달시킨다.

(2) 심리적인 측면

인간은 누구나 자기 자신의 감정을 표현하고 싶은 욕구가 있다. 이러한 욕구가 해소되지 않으면 스트레스를 받는 것은 물론 긍정적인 삶을 살 수가 없다. 태권도 안무는 음악에 맞추어 리드미컬하게 태권도 동작을 취함으로써 자연스럽게 각성을 높여 매사에 활력 넘치고 적극적인 마음가짐을 갖게 한다. 그리고 표현력 있는 움직임을 통해 자신의 감정과 생각을 지배할 수 있는 강한 정신력과 의지, 빠른 판단력 등을 키워 준다.

　　시범이나 대회 참가자는 여러 친구, 동료들과 태권도 안무로 호흡을 맞추다 보면 자신도 모르는 사이에 타인 앞에 서는 것에 대한 자신감이 생긴다. 자신감 또한 긍정적인 삶의 원천이다. 태권도 안무는 목표를 향하여 정신을 집중하는 것을 돕고 활동 참여의 욕구를 증가시켜 자연스럽게 자신감 형성, 인간관계의 교류와 연대감을 키우게 한다.

(3) 사회적인 측면

　　사회의 발전에 따른 환경변화로, 시대는 무술의 가치와는 또 다른 가치를 요구하고 있다. 이에 따라 태권도가 새로운 문화로 탈바꿈해가며 새로운 장르(genre)가 개발되고, 경기적인 측면과 일방적인 태권도기술 표현활동과 달리 수련자와 피 수련자가 함께 어우러져 즐기는 공연예술로 점점 자리를 잡아가는 양상을 보인다.

　　태권도 안무를 구성할 때는 개인적인 기능도 매우 중요하지만 팀으로 구성하고 표현하는 단체적 요소에서 주어지는 긍정적인 측면이 매우 높다. 따라서 팀워크를 위해 상호부조하는 사회근본 의식으로 참여자가 서로 도움을 주고받는 팀 활동으로 공동체 발전에 기여하는 배려와 봉사정신으로 발전하게 된다. 이처럼 인간사회에서 요구하는 다양한 가치가 태권도 수련 및 안무를 통해 배양되어지는 것을 알 수 있다.

(4) 도장경영 측면

　　태권도 안무 중 태권체조는 일반인도 쉽게 따라 할 수 있어 생활 스포츠로서의 가치와 효과를 갖는다. 태권도수련 대상별 다양한 수련 프로그램을 제공함으로 동기유발과 운동 지속을 기대할 수 있어서 운동 능력의 유무에 상관없이 점진적인 운동 효과를 기대할 수 있다. 따라서 친근하고 즐거운 태권도란 이미지를 만들어 도장경영 측면에서 긍정적인 영향을 미친다.

5.
태권도 안무의 분류

태권도 안무는 활용목적과 구성요소, 실시 대상에 따라 수련용, 대회용, 시범용, 공연용으로 구분할 수 있다.

1) 수련용

수련용 태권도 안무는 일선 태권도장에서 수련생들을 대상으로 시행하는 태권도 수련프로그램 중 하나로 태권도의 숙련도나 기본기 향상, 근력 향상, 흥미 유발을 위해서 실시된다.

작품의 구성은 품새를 바탕으로 창작되며 동작 수가 비교적 적고 단순하면서 흥미를 고려한 동작으로 구성하도록 한다.

수련용 태권도 안무는 세부적으로 유급자와 유품자로 구분되며 유급자용 태권도 안무는 비교적 단순한 동작 위주로 동작의 수를 적게 하여 반복적으로 구성된다. 유품자용 태권도 안무는 유급자에 비해 2~3가지 동작이 추가되며 반복횟수가 적은 것이 특징이다.

구 분		동작 및 음악의 특징
유급자용	동작	• 유급자를 대상으로 창작되는 태권도 안무는 품새 1~8장 안에 있는 동작을 바탕으로, 동작수가 비교적 적고 단순한 동작으로 이루어지는 것이 바람직하다. 또한 박자가 느리며 동작 반복횟수가 많은 것이 특징이다.
	음악	• 음악은 건전하며 비교적 느린 탬포의 음악을 사용하는 것이 특징이다. • 예를 들면 탬포가 느린 대중가요나 클래식, 동요 등이 이에 포함된다.
유품자용	동작	• 유품자를 대상으로 창작되는 태권도 안무는 태권도 응용동작으로 동작의 다양성과 변화가 바탕인 작품을 구성하는 것이 바람직하다. 또한 유급자용 보다는 많은 동작으로 이루어지는 것이 특징이다.
	음악	• 음악은 건전하며 비트가 빠르고 경쾌한 음악을 선정하는 것이 특징이다. • 또한 효과음이나 강렬한 음악을 사용하는 것이 더욱 효과적이다. • 최신 유행하는 대중가요나 디스코, 랩, 레게, 락 등의 다양한 음악 장르가 이에 포함된다.

2) 대회용

대회용 태권도 안무는 대회 출전을 목적으로 시합에서 요구되는 규칙에 근거하여 평균 3분 이내, 다양한 대형 변화와 파트너십을 포함한 꾸미기 동작, 태권도 동작, 그 외 춤동작 등을 바탕으로 구성된다.

대회용 작품은 짧은 시간 내에 강렬한 인상을 주어야 하므로 시선을 끌만한 독창적인 작품이 창작되어야 한다.

무엇보다 대회용 작품은 팀원 간의 기량차이를 극복하고 일치된 동작을 펼쳐야 하기 때문에 팀원의 기량을 고려하여 현명하게 작품을 구성해야 한다. 또한 태권도 안무 대회의 평가 기준은 구성원 간의 단결성, 일치성, 숙련성이므로 많은 연습이 필요하다.

동작수가 많으면 다소 지저분해 보이거나 일치성이 떨어지는 반면, 동작수가 적으면 임팩트 없이 끝나거나 지루해질 수 있기 때문에 적절히 동작을 구성해야 할 것이다. 작품의 1/4 정도는 여백을 남겨두는 것도 한 방법이 될 수 있다.

대회용 태권도 안무의 음악은 작품의 주제를 선정하고 어울릴 만한 음악을 사용한다. 또한 2~3가지의 음악을 서로 혼합하여 사용하기도 하며 음악 중간 중간에 효과음을 삽입한다.

3) 시범용

시범용 태권도 안무는 태권도를 홍보하는 목적으로 많은 대중 앞에서 시연하게 된다. 무대 혹은 넓은 운동장(광장, 공원 등)의 시연장소에서 모든 사람들이 잘 보일 수 있도록 작품을 창작해야 한다.

이처럼 시범용 태권도 안무 작품은 태권도 동작을 정확히 보여주어야 하므로 동작이 크고 작품이 화려해야 하며 대형에 변화를 주어야 한다.

또한, 웅장하고 강렬한 음악을 사용하는 것이 적합하다.

4) 공연용

공연용 태권도 안무는 태권도를 매개로 하여 관객과 소통함으로써 태권도를 알리려는 의도에서 시작되었다. 공연용은 스토리가 있어야 하며, 무대와 음향, 조명 등이 있어야 한다.

공연은 시연자가 더욱 시선을 집중하기 때문에 태권도 동작은 물론 표정 연기와 미세한 감정까지 표현해야 하므로 많은 연습과 노력이 필요하다.

II

음악에 따른 태권도 안무 구성법

교육 목적	태권도 안무를 구성하는 음악에 대하여 살펴보고 태권도 안무 창작 시 음악을 적절히 활용할 수 있는 기본 지식을 습득한다.

1.
음악의 이해 및 구성

1) 음악이란

태권도 안무에서 음악은 매우 중요한 요소이다. 음악은 태권도 안무 동작을 하는 데 있어 즐거움, 희열을 맛보게 해줄 뿐 아니라 힘을 불어넣어 준다. 또한 태권도 안무를 창작함에 있어 작품 구성에 영감을 주기도 한다.

좋은 음악은 운동하는 데 불편함을 주지 말아야 하며 동작의 자극제로서 동기를 유발하고 즐거움을 줄 수 있어야 한다. 또한 지도자가 음악을 잘 이해할수록 수련자들은 더 큰 운동의 효과를 얻을 수 있다.

태권도 수련의 음악 프로그램을 구성할 때에는 참가자의 성별, 연령별, 대상별, 시간대별 등의 제반 요인들을 복합적으로 고려하여 수련생의 만족을 높여야 한다.

2) 기본적인 음악 용어

음악의 용어는 박자, 리듬, 소절, 템포로 구분한다.

박자	박자는 강하고 약한 형태의 음의 진동이 리듬을 갖고 규칙적으로 일어나는 것을 의미한다. 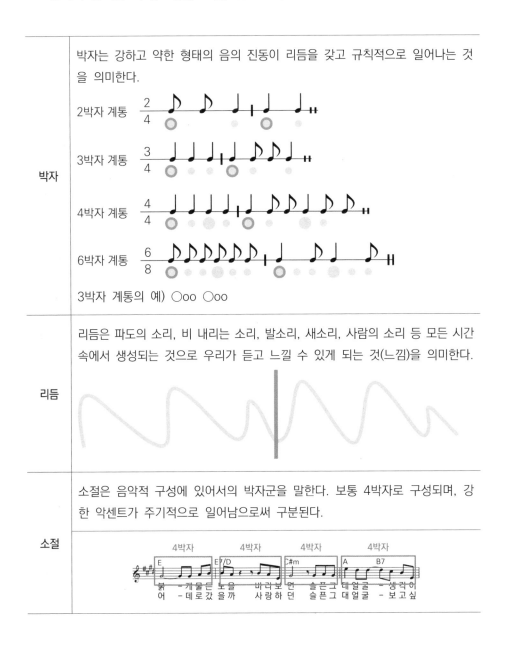 3박자 계통의 예) ○oo ○oo
리듬	리듬은 파도의 소리, 비 내리는 소리, 발소리, 새소리, 사람의 소리 등 모든 시간 속에서 생성되는 것으로 우리가 듣고 느낄 수 있게 되는 것(느낌)을 의미한다.
소절	소절은 음악적 구성에 있어서의 박자군을 말한다. 보통 4박자로 구성되며, 강한 악센트가 주기적으로 일어남으로써 구분된다.

템포	템포는 음악이 연주되는 속도로, 이는 운동의 강도와 진행에 따라 결정된다. 1분 동안의 박자(BPM: Beats per minute)는 음악을 1분 동안 몇 개의 박자로 셀 수 있는가에 따라 결정된다. ※ BPM 요약 BPM은 BEAT PER MINUTE의 약자로, 즉 분당 비트 수를 뜻한다. 100BPM은 우리말로 1분에 100번(4분음표) 두드린다는 의미이다. 우리의 신체가 안정된 상태일 때, 요골동맥을 짚어보면 65-70bpm정도임을 알 수 있다. BPM(1분간의 박자 수)＝15초간의 박자 수×4 BPM 쉽게 계산하는 방법 보통 태권체조의 경우 120~140bpm를 사용함 예) 싸이, '강남스타일' [132bpm] 1분간 132템포의 노래

3) 태권도 안무의 음악선정

(1) 분류별 음악선정

태권도를 이용한 안무는 태권도 동작을 음악에 맞춰 쉽고 즐겁게 수련할 수 있는 이점이 있다. 따라서 태권도 안무에 있어 음악은 매우 중요한 요소라 할 수 있다.

음악선정은 다양한 장르를 불문하고 리드미컬하고 느낌이 좋은 또는 듣기 좋은 음악을 우선적으로 선별한다. 그 후 가사내용을 살펴보아 지나치게 선정적이거나 사회적으로 무리를 일으킬 만한 내용이 포함된 음악은 제외시킨다.

 **음악분석 TIP**

1단계

- 음악 선정
- 가사가 건전하며 매력적인 음악을 선정

2단계

- 활용목적 파악
- 수련용, 대회용, 시범용, 공연용인지 파악함

3단계

- 음악 분석
- 전주, 간주, 하이라이트, 후렴 부분을 분석

4단계

- 대상들이 소화할 수 있는 동작 파악
- 전체대상을 면밀히 파악

5단계

- 포인트 동작 구성
- 춤 동작, 음악에 맞는 동작, 느낌 표현 등을 고려하여 구성

6단계

- 전체 동작 구성

(2) 목적에 따른 음악선정의 특징

구 분	동작 및 음악의 특징
일반 수련용	• 일반 수련용의 음악은 박자가 뚜렷하게 나뉘는 3/4, 4/4박자의 음악을 사용하는 것이 편리하다.
시범용	• 시범 및 대회용의 음악은 짧은 시간 내에 태권도에 대한 강한 인상을 남기는 것을 목표로 한다. • 그렇기 때문에 장르 불문하고 특징 있고 멜로디나 비트가 강한 음악을 선정하며, 한편 작품의 콘셉트에 따라 클래식한 음악을 사용할 수도 있다.
대회용	• 또한 작품의 주제 혹은 테마를 선정한 후 어울릴 만한 두세 가지의 음악을 혼합하여 사용할 수도 있으며, 중간에 효과음을 삽입하여 사용한다. • 시범 및 대회용의 음악선정은 작품을 미리 설계한 후 두세 가지 음악을 찾는 순으로 이루어진다. • 대회용의 경우 필수동작의 구성과 대형변화의 전략적 접근이 필요하다.
공연용	• 공연용 음악은 태권도 공연의 스토리에 적합한지를 우선적으로 고려해야 한다. 공연의 구성에는 기승전결이 있기 때문에 각 부문에 맞는 음악을 적절히 사용해야 한다. • 특히 공연은 관객들과의 소통과 감정적 교감이 이루어지므로, 스토리에 대한 공감을 충분히 느낄 수 있는 음악이 요구된다.

(3) 음악선택의 방법

■ 속도와 크기

태권도를 이용한 안무 수련 시 음악속도는 작품의 종류(수련용, 시범용, 대회용 등)와 수업내용(준비운동, 본운동, 저항운동, 정리운동) 또는 대상(어린이, 성인, 청소년, 노년)에 따라 다르게 사용된다.

준비운동 시에는 120~130bpm의 음악을 사용하여 가벼운 동작으로 심장기능과 호흡기능이 서서히 증가할 수 있도록 한다. 특히 120~130bpm은 운동을 하기에 가장 좋은 템포로, 일반적으로 숨을 쉴 때 적합한 박자감이 120bpm인 것을 고려해본다면 안정적인 음악이라고 볼 수 있다.

BPM이 드러나는 대표적 음악은 다음과 같으며, 싸이의 강남스타일이 132bpm인 것을 기준으로 가늠하여볼 수 있다.

• The Black Eyed Peas, 'Boom Boom Pow' [131bpm]
• D'Banj, 'Oliver Twist' [125bpm]
• Kesha, 'Die Young' [128bpm]

본 운동의 음악 빠르기는 주로 130~155bpm으로서 박자와 악센트가 강하고 리드미컬한 음악을 사용하여 운동 강도를 높여준다. 한창 운동을 하다 보면 심박수가 빨라지고 호흡이 가빠지는데 이때 145bpm을 기록한다. 따라서 본 운동 시에는 빠른 곡을 사용하는 것이 운동의 효율을 높일 수 있다.

130~155bpm의 대표적인 음악은 다음과 같으며, 보통 걸그룹 댄스곡이나 클럽 음악이 145bpm으로 이루어졌다고 생각하면 이해하기 용이할 것이다.

• Global Byte, 'Universal Dream' [144bpm]
• 박진영, '살아있네' [150bpm]

쿨다운 시에는 110~120bpm의 음악을 사용하여 낮은 운동 강도와 가벼운 동작을 실시할 수 있도록 한다. 완전이완 전의 진정 단계로서 조금 느린 곡으로 선정하여 심박수를 100bpm 이하로 낮춰 심장기능과 호흡기능을 서서히 가다듬는다.

정리운동의 스트레칭 시 100bpm 이하의 느린 템포로 정적이며 서정적인 리듬의 음악을 사용하여 마음을 진정시킨다. 100bpm의 음악은 약간 리드미컬하여, 편안한 마음으로 몸을 자연스럽게 움직일 수 있는 정도의 템포로 생각하면 쉬울 것이다.

100bpm의 대표적인 음악은 다음과 같다.

• 태연, 'why'
• 위너, 'Really Really'
• 청하, 'why don't you know'
• 악동뮤지션, 'DINOSAUR'

2.
음악에 따른 작품 구성법

1) 박자에 따른 구성

(1) 4/4박자

일반적으로 작품을 구성할 때는 정박자인 4/4박자를 선택한다. 4/4박자는 유품자·유급자용, 시범용, 대회용으로 널리 활용되며 더욱 편리하게 작품을 창작할 수 있다.

8박자를 4회 반복하면 32박자가 되고 이것은 동작의 A파트가 된다. 32박자의 동작으로 4파트가 만들어지면 음악의 전반부(혹은 1절)가 끝나며 이것을 후반부(혹은 2절)에 반복하면 작품을 편리하게 창작할 수 있다. 완성된 작품은 보통 A, B, C, D로 나뉘며 음악의 리듬과 반복소절에 따라서 동작의 순서를 바꿀 수 있다.

붉은 노을로 예를 들어 설명하자면 "붉 게물든(4박), 노을~바라보(4박), 면~슬픈 그(4박), 대 얼굴 생각이(4박)이다.

붉은 노을

이영훈 작사
이영훈 작곡
이문세 노래

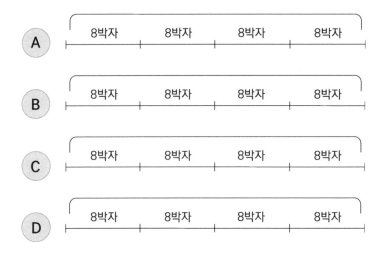

예)

1) A-B-C-D 반복(일반적인 형태)

2) A-B-C-D-A-B-B'-C

3) A-B-C-D-A-C-A-D

(2) 3/4박자

태권도 안무 중 일반 수련용 태권체조의 경우는 3/4박자의 곡을 선호하지 않는 편이다. 일반 수련용으로는 정박의 4/4박자 음악을 가장 많이 사용하고 있다. 3/4박 자의 느린 곡으로 작품을 구성하는 경우, 하나하나의 동작에 유의하여 시연해야 한 다. 상대적으로 동작의 속도가 느리게 표현되기도 하여 관객은 시연자의 동작을 자세 히 볼 수 있다. 따라서 정확하고 숙련도 있게 동작을 실시할 수 있는 숙련자, 즉 대회 용이나 시범용에 적합하다.

3/4박자의 곡에서 12박자를 4회 반복하면 48박자가 되고 이것은 동작의 A파트 가 된다. 48박자의 동작으로 4파트가 만들어지면 음악의 전반부(혹은 1절)가 끝나며 이것을 후반부(혹은 2절)에 반복하면 작품을 편리하게 창작할 수 있다.

3/4박자의 곡은 멜로디와 반복소절이 곡의 특성에 따라 다르기 때문에 음악을 충분히 들어본 후 동작을 구분하여야 한다.

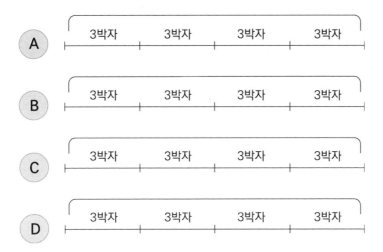

(3) 동요 · 애니메이션 주제곡

동요와 애니메이션 주제곡은 유치부 및 저학년 등의 유급자들에게 주로 사용되며, 발랄하고 활동적인 것이 특징이다. 또한 동요와 애니메이션 주제곡은 매우 짧은 것이 특징이다. 그렇기 때문에 한 곡을 두 번 반복하는 것이 효과적이며 대상의 특성에 맞게 쉽고 간단한 동작을 이용해서 창작하는 것이 좋다.

동요나 애니메이션 주제곡은 8박자를 4~6회 반복하는 것으로 끝이 나기 때문에 8박자 2회 반복을 A파트로 구성하는 것이 편리할 것이다.

2) 박자에 따른 동작구성

앞서 살펴보았듯이 곡을 선정한 후에는 박자에 따라 파트를 구성하여 작품을 창작하게 된다. 이것을 더욱 구체화해보면 박자를 세분화하여 박자에 따라 동작을 구성해 볼 수도 있다. 예시로 A파트의 8박자 동안 1박자에 하나씩 연속적으로 동작을 넣는 경우부터, 8박자 동안 두 동작만 넣는 경우도 있다.

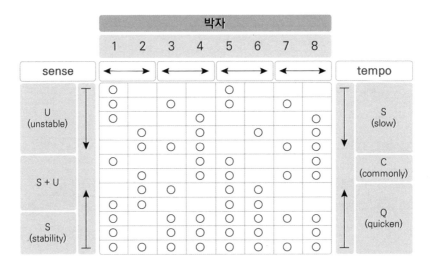

sense	1	2	3	4	5	6	7	8	tempo
U (unstable)	○				○				S (slow)
	○		○		○		○		
	○			○				○	
		○		○		○		○	
		○	○	○			○	○	
S + U	○			○	○			○	C (commonly)
		○		○	○		○	○	
		○	○		○	○			
	○	○			○	○			
S (stability)	○		○	○	○	○	○	○	Q (quicken)
	○		○	○	○	○		○	
	○	○	○	○	○	○	○	○	

(1) U-S 구간

U-S 구간은 동작수가 적어 비교적 쉽게 느껴질 수 있다. 동작수가 적기 때문에 포즈를 취하는 동작으로 적절하며 정적인 표현을 할 수 있는 공간이다. 또한 태권도 안무 전체 작품에서 공백을 느낄 수 있는 공간이다. 작품 창작시 S 공간은 반드시 필요하며 적절히 이용하면 작품의 완성도가 높아 보이는 효과가 있다.

(2) S.U-C 공간

S.U-C 공간은 동작수가 적절하며, 리듬에 강·약을 적절히 이용하면 매우 세련된 표현이 가능하다. 특히 엇박자로 사람들이 익숙한 홀수박자가 아닌 짝수박자를 이용함으로써 태권도 안무 구성을 새롭게 느낄 수 있다. 또한 동작수가 적절하여 번잡하게 느껴지지 않지만, 역박자에 익숙하지 않은 수련생들이 동작을 박자에 맞추는 것을 다소 힘들어 할 수 있다. 따라서 박자에 유념하며 연습할 필요가 있다.

(3) S-Q 공간

S-Q 공간의 특징은 동작수가 많고 활동적인 느낌이 강하다는 것이다. 동작이 많기 때문에 자칫 잘못하면 혼잡해 보이고 완성도가 떨어질 수도 있다. 그렇기 때문에 많은 연습이 요구되며 이에 따라 신체활동을 많이 할 수 있는 특징이 있다.

3.
음악분석의 필요성 및 방법

태권도 안무 창작을 위해서는 작품의 목적을 설정한 뒤 음악을 선정하고 콘셉트를 정하게 된다. 이후 동작 창작을 시작한다. 그런데 많은 창작자가 이 과정에서 어떻게 동작을 창작해야 하는지 어려움을 느낀다. 이것은 선정한 곡에 대한 해석과 분석의 과정을 거치지 않고, 막연하게 가사에 맞춰 창작하려 하기 때문이다. 특히 남는 박자에 대한 어려움, 어느 부분에서 시작하고 끝맺음을 해야 하는지에 대한 어려움, 어떤 곡을 믹싱해야 하는지에 대한 어려움 등이 있다. 이러한 어려움을 해결하기 위해서는 곡에 대한 해석 및 분석에 관하여 끊임없이 연습해야 할 것이다. 구체적인 연습 방법은 다음과 같다.

1) 박자별 동작 콘셉트

곡 선정

선정곡
반복 청취

박자 분석

박자별
동작 콘셉트

(1) 곡 선정

먼저 곡을 선정한 뒤에 가사를 살펴보아야 한다. 멜로디나 비트가 적합하여 선정하였더라도, 가사가 선정적이거나 비속어를 포함한다면 제외시켜야 한다.

(2) 선정곡 반복 청취

본 단계에서는 곡을 처음부터 끝까지 3~5회 반복 청취해보고 그 곡의 특징과 느낌을 감각적으로 느껴야 한다. 음악에 특정 콘셉트를 잡고 대략적인 작품의 방향을 정하도록 한다.

(3) 박자 분석

4/4박자의 경우, 32박자로 구분하며 총 몇 박자인지 헤아린다. 또한 삭제나 편집되어야 할 부분은 체크해놓는다.

박자에 따라 나눈 구분들에 대해 어떠한 동작으로 구성할 것인가를 스케치해본다. 비트의 강약, 랩 소절, 리듬에 따라 적합한 동작이 있기 때문에 어떤 동작이 어울리는지 미리 구상해 본다.

2) 음악분석

(1) 음악분석 시 자주 사용되는 기호들

기 호	설 명
⤴	음악이 점점 빨라지거나 음이 높아지는 경우
⤵	음악이 점점 느려지거나 음이 낮아지는 경우
↳	음악에 분절이 일어나거나 랩을 통해 단절이 이루어지는 경우
∽	음악이 급반전되는 경우
≈	랩 부분
∞	후크 소절
※	하이라이트 부분
////	삭제해야 하는 음절

위의 표는 음악분석 시 자주 사용되는 기호들을 정리한 것이다. 음악 분석을 시작하기 위해서는 우선 한 곡을 반복적으로 청취하면서 구분하는 작업이 필요하다.

구분할 때에는 32박자를 나누어 구분하는 방법, 가사에 맞춰 구분하는 방법, 초 단위를 체크하면서 구분하는 방법이 있다. 이 중에서 어떠한 것이든 자신이 편한 방법을 사용해도 무방하다. 음악을 구분한 후에는 곡에 대해 어떤 느낌인지, 어느 부분을 삭제할 것인지, 하이라이트 부분은 어디인지 체크해두는 것이 태권도 안무를 창작하는 데 효율성을 더욱 높일 수 있다.

글로 쓰는 것 보다 기호로 표시해두면 빠르게 음악을 분석하여 시간을 절약할 수 있는 장점이 있다. 기호의 형식이 반드시 정해져있는 것은 아니므로 자신이 편하게 느끼고 기억할 수 있는 기호나 약자를 사용해도 무방하다.

(2) 음악분석의 예시

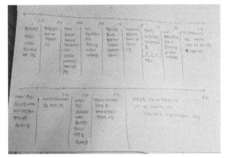

사례 1

사례 2

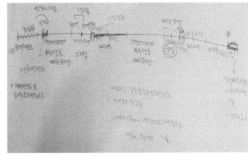

(3) 음악분석 기록장

├───┼───┼───┼───┼───┼───┼───┼───┤

기호:
설명:

├───┼───┼───┼───┼───┼───┼───┼───┤

기호:
설명:

├───┼───┼───┼───┼───┼───┼───┼───┤

기호:
설명:

├───┼───┼───┼───┼───┼───┼───┼───┤

기호:
설명:

예시)

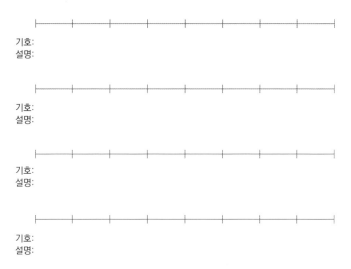

├───┼───┼───┼───┼───┼───┼───┼───┤

기호: ∞   이 부분 삭제   음악이 점점 작아짐   〰

설명:

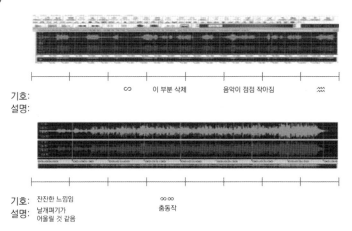

├───┼───┼───┼───┼───┼───┼───┼───┤

기호: 잔잔한 느낌임   ∞∞

설명: 날개펴기가   춤동작
어울릴 것 같음

4.
음악편집과 효과음

1) 음향효과

일반적인 음악을 역동적이고 생생하게 만들어주는 것은 바로 음향효과와 효과음이다. 효과음은 상황에 맞는 소리를 얻기 위해 실존하는 소리를 더욱 생동감 넘치게 만드는 데 유용하다. 실제로 주먹 지르기나 발차기를 실시할 때 소리가 나지 않기 때문에 시원함과 타격감이 전달되지 않는다. 따라서 음악에 효과음을 삽입하여 동작을 더욱 역동적으로 표현할 수 있다.

2) 음량에 의한 음향 효과

음량에 의한 음향 효과에는 파형조절, 페이드 인/아웃(fade in/out), 다이나믹스(dynamics, 압축/팽창), 패닝(panning), 진폭 변조, 잡음(gating), 링(ring) 변조, 클리핑(clipping), 정규화 등의 방법들이 있다. 이중에서 태권도 안무에서 주로 사용되는 편집방법은 파형조절, 페이드 인/아웃, 효과음 삽입이다.

(1) 파형조절

파형조절을 통해 원하는 부분의 소리 크기를 줄이거나 키우는 방법이다.

보통 음악과 음악을 연결할 때 점점 음향을 줄이면서 두 개의 음악을 붙여 자연스럽게 다음 음악으로 이어질 수 있게 편집한다.

(2) 페이드 인/아웃

페이드 인/아웃은 두 가지의 소리가 겹쳐질 때 또는 시작되거나 끝날 때 이용된다. 들어오는 음의 음향이 갑자기 클 경우 거부감을 느낄 수 있는데, 이때에는 작은 소리로 시작하여 점점 큰 소리로 음을 키워주는 페이드 인을 사용한다. 반대로 음악이 끝날 때에는 페이드 아웃을 이용하여 부드럽게 소리가 사라지는 느낌을 준다.

(3) 효과음

효과음은 실제 소리가 전달되지 않는 소리들을 인위적으로 만들어내어 그 소리들을 음악에 적절히 삽입하는 방법이다. 태권도 안무에서는 타격감을 주는 소리를 주로 이용하며 숫자를 외치는 소리, 종소리, 물소리, 동물소리, 칼소리 등 음악과 어울리는 효과음을 사용한다.

5.
어도비 오디션을 이용한 음악편집의 실제

1) 프로젝트 만들기

구분	순서
하나의 음악만 편집할 때	파일 → 새로만들기 → 오디오 파일
여러 음악을 편집할 때	파일 → 새로만들기 → 멀티트랙 세션

2) 단축키 활용

단축키	구분	비고
V	선택 도구	음악을 선택하거나 움직임
R	자르기 도구	음악을 자름
–	(가로)축소	음악의 파형을 축소시킴
+	(가로)확대	음악의 파형을 확대하여 세부적으로 편집 가능
ctrl+Z	되돌아가기	이전 작업으로 되돌아감
delete	삭제	선택한 부분을 삭제

3) 동작 활용

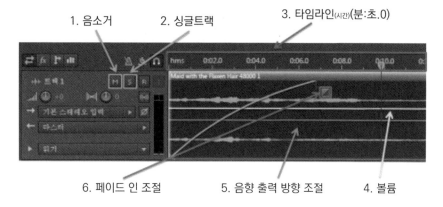

1. 음소거   2. 싱글트랙   3. 타임라인(시간)(분:초.0)

6. 페이드 인 조절   5. 음향 출력 방향 조절   4. 볼륨

구분	역할	비고
1	음소거	원하는 음악의 소리를 끔
2	싱글 트랙	원하는 음악의 소리만 나오도록 함
3	타임라인	시간을 표시하는 부분
4	볼륨	음악의 크기 조절
5	음향 출력방향 조절	음악이 나오는 방향을 조절 ex) R: 오른쪽 스피커에서만 음악이 나옴
6	페이드 인/아웃	◪ 드래그(drag) 해서 움직임에 따라 페이드 인/아웃 조절이 됨

4) 파일로 만들기

구분	순서	비고
싱글 트랙 편집 시	파일 → 내보내기 → 파일	형식 설정 시 mp3로 바꿔주는 것이 좋음
멀티 트랙 편집 시	파일 → 내보내기 → 멀티트랙 세션 → 전체 세션	

Ⅲ

동작에 따른
태권도 안무
구성법

교육
목적

태권도 안무를 창작할 때 동작을 적절히
활용할 수 있도록, 안무를 구성하고 있는
동작에 대하여 살펴본다.

1.
동작의 이해 및 구성

태권도 안무 동작은 창작자의 의도에 맞게 구성하도록 한다. 일반 수련용으로 창작을 할 것인지 또는 시범이나 대회 출전을 위해서 창작을 할 것인지에 따라 구성형식이 조금은 달라질 수 있다.

일반 수련용은 태권도 도장에서 태권도에 쉽게 접근하고 수업의 흥미를 주기 위해서 시행된다. 따라서, 시기적으로 유행하는 댄스 동작을 변형 없이 삽입하여 사용하기도 하고 동작을 단조롭게 구성하여 난이도를 낮추어 준비 체조로 사용할 수도 있다. 또한 품새의 구성과 같이 동작 좌, 우의 안무를 일치시켜 신체의 상측과 대칭의 균형을 유지하고 운동감각의 발달을 이룬다.

시범이나 대회 출전용으로 작품을 창작할 경우에는 동작의 수를 높이고 화려한 발차기 및 태권도 동작을 삽입하여 구성하도록 한다. 또한 특징적이고 인상 깊은 작품을 창작하기 위해 탈춤이나 요가동작, 택견동작, 쿵푸동작, 최신 유행 댄스 등 다양한 동작을 접목하여 구성할 수 있다.

가장 중요한 것은 규정에 나온 지정동작을 필수적으로 삽입하여 전체적으로 동작의 연결성이 좋도록 하는 것이다.

2.
발동작 구성법

1) 발동작 구성법

태권도 안무 창작 시 발동작(Step)의 사용에 따라 작품이 정적일수도 동적일 수도 있다. 모든 박자에 발놀림을 삽입할 경우보다 동적인 작품이 구성될 것이고, 4박자 동안 한 가지의 발동작을 실시할 경우 상대적으로 발동작의 수가 적어지기 때문에 정적인 작품이 구성될 것이다.

일반 수련용의 작품을 구성할 때에는 가급적 많은 수의 발동작 또는 발차기를 권장하지 않는다. 일반 수련용 안무는 태권도장에서 단체로 실시하기 때문에 아주 넓은 도장이 아닐 경우에는 옆 사람과 부딪히거나 옆 사람에게 발차기를 하는 등 부상의 위험이 높아진다.

따라서 일반 수련용의 경우 발동작을 단조롭게 구성하거나, 앞차기나 옆차기 등의 발차기를 무릎만 들어서 실시하게끔 구성하도록 한다.

시범 및 대회출전용 작품의 경우에는 확보된 공간과 정해진 인원이 있기 때문에 공간의 제약을 받지 않는다. 따라서 시연자의 기술정도에 따라 다양하고 화려한 발차기를 구성할 수 있다.

2) 태권도 기본스텝

이동동작은 두 가지의 기본 발동작이 이어지면서 이루어진다. 이는 태권도 안무동작의 기본이 되며 어떠한 발동작을 연결하느냐에 따라 역동적이거나 정적인 동작이 창작될 수 있다.

기본스텝	동작설명	도해
모아서기	두 발날등을 완전히 맞대고 두 무릎은 곧게 편 자세	
나란히서기	두 발을 같은 꼴로 선 자세	한 발바닥 간격
주춤서기	두 발의 너비를 두 발 길이 정도로 하여 다리를 약간 굽히며 주춤거리는 듯 서있는 자세	120° 두 발바닥 간격

기본스텝	동작설명	도해
앞서기	앞으로 한걸음 내디뎌 선 자세	한 발바닥 간격 30도 이내
앞굽이	체중을 앞다리에 실은 자세	30도 이내 주먹 하나 간격
뒷굽이	체중을 뒷다리에 실은 자세	한 걸음 (약 세 발바닥)

기본스텝	동작설명	도해
범서기	앞서기 자세에서 양 무릎이 맞닿을 정도로 붙이며 낮춘 자세	30도 이내 한 발바닥 간격
왼, 오른서기	나란히서기에서 오른발이나 왼발을 직각으로 튼 자세	한 발바닥 간격 90도 90도 한 발바닥 간격
뒷꼬아서기	몸을 앞, 뒤, 옆으로 움직이거나 돌 때에 두 발이 서로 교차하며 만들어지는 자세	주먹 하나 간격

기본스텝	동작설명	도해
앞꼬아서기	몸을 앞, 뒤, 옆으로 움직이거나 돌 때에 두 발이 서로 교차하며 만들어지는 자세	주먹 하나 간격
학다리서기	학이 서 있는 모양을 본떠 이름 붙인 서기로서, 온몸의 체중을 한쪽 발로 지탱하며, 다른 발은 지탱하는 발의 무릎에 대어 중심을 잡는 자세	120°
오금서기	한쪽 무릎을 굽혀 낮추고, 다른 발을 끌어 올려 발날등을 무릎 안쪽이나 오금 가까이에 놓은 자세	무릎 뒤 오금에 발등을 건다

3) 서기동작 응용법

■ 나란히서기

모아서기(시작)-나란히서기-모아서기-(반복 혹은 응용동작)

이 이동동작은 가볍게 옆으로 이동할 때, 그리고 오른쪽과 왼쪽을 반복할 때 주로 사용한다.

■ 주춤서기

모아서기(시작)-주춤서기-모아서기-(반복 혹은 응용동작)

이 동작은 가볍게 실시할 수 없는 이동 동작으로, 모아서기에서 주춤서기를 실시할 때 1~2박자 홀딩 방식으로 많이 사용된다.

■ 앞서기

모아서기(시작)-앞서기-앞서기-(반복 혹은 응용동작)

이 동작은 앞으로 이동할 때 많이 사용되며, 마침동작으로 끝나는 것이 아니라 마지막 앞서기 후 주춤서기나 범서기로 연결되는 경우가 많다.

■ 뒷굽이

모아서기(시작)-뒷굽이-뒷굽이-(반복 혹은 응용동작)

이 동작은 사이드로 사용할 때가 많다. 뒷굽이가 다른 발동작에 비해 동작을 수행하는 데 시간이 오래 걸리는 편이며, 연속 뒷굽이 동작의 경우 수행에 어려움을 느낄 수 있다는 단점 때문이다.

즉, 뒷굽이자체보다는 좌우 측으로 이동 동작에 응용하는 경우가 많다. 이는 빠르게 좌우 반복하며 역동적이고 리듬 있는 동작을 수행하는 방식이다(몸통막기가 주로 사용됨).

3) 에어로빅스 기본 스텝

에어로빅스(Aerobics)는 에어로빅 엑서사이즈(Aerobic exercise)의 준말이며, 산소와 함께(with oxygen) 또는 산소를 이용하여(utilizing oxygen)라는 뜻을 가지고 있다. 이는 즉, 유산소 스텝으로 구성되어 태권도 안무를 구성할 때 자주 사용되고 있다.

기본스텝	동작설명	도해
걷기 **(march)**	보디라인(body line)을 자연스럽게 세우고 가볍게 걷는 동작	
무릎올리기 **(knee lift)**	무릎을 90도로 올렸다 내리면서 반대도 동일한 방법으로 반복하는 동작	

기본스텝	동작설명	도해
앞굽이 **(lunge)**	다리를 핀 상태로 뒤로 빼면서 찍어주는 스텝으로 양 발을 번갈아가며 반복하는 동작 태권도의 앞굽이 자세와 유사	
뛰기 **(running)**	달리기 하듯 힘차게 뛰는 동작	
앞차기 **(skip)**	무릎을 들어 발끝을 양쪽 번갈아 힘차게 차는 동작	

기본스텝	동작설명	도해
나란히 뒷꼬아서기 (grape vine)	그랩바인 스텝은 포도넝쿨처럼 다리를 오가며 이동하는 동작 예) 오른쪽 그랩바인 ① 오른발을 옆으로 스텝 ② 왼발을 오른발 뒤로 크로스 ③ 오른발을 다시 옆으로 스텝 ④ 왼발을 오른발 옆에서 터치	
앞찍기 (heel touch)	발 뒤꿈치를 앞으로 찍는 동작	

4) 무용의 기본스텝

댄스의 기본 스텝에는 호핑(hopping), 워킹(walking), 러닝(running), 스키핑(skipping), 슬라이드(slide), 갤롭핑(galloping), 리프(leap), 점프(jump) 등이 있다.

기본스텝	동작설명	도 해
호핑 **(Hopping)**	한쪽 발로 뛰어올랐다가, 뛰어오른 발로 착지하는 동작	 제자리에서 점프
슬라이드 **(slide)**	옆으로 미끄러지듯이 다리를 옮기는 동작	
쓰리 스텝 **(three step)**	시작하는 발을 반대발 뒤로 옮긴 후 앞의 발을 옆으로 옮기고, 뒷발은 앞으로 가져오는 동작	

(1) 에어로빅, 무용의 기본 스텝 응용

■ 딥런지(포즈동작)

딥런지는 보통 런지에서 더 자세를 낮춰 실시한다. 포즈를 취하는 동작으로 많이 사용된다.

■ 힐터치

힐터치-힐터치-슬라이딩
힐터치-힐터치-슬라이딩-백런지
힐터치-힐터치-뒤서기-앞차기

힐터치는 발 뒤꿈치를 앞으로 가볍게 찍어주는 동작으로 양 발 반복적으로 실시한다. 힐터치는 가벼운 느낌으로 빠르게 사용되며, 태권도 안무에서 자주 사용되지는 않지만 포인트를 줄 수 있는 동작을 창작할 때 유용하다.

■ 홉

홉-서기

태권도 안무에서는 한국적 음악을 사용하여 작품을 창작할 때가 많다. 홉은 한국적인 음악을 사용할 때, 더욱 멋스러운 동작을 표현하고자 할 때 용이하다. 홉을 실시할 때 유용하게 사용되는 손동작은 양손으로 날개펴기, 양손으로 사선뻗기 등 이다. 또한 홉 동작은 양발 모두 보다는 한쪽 발만 실시하는 경우가 많다.

■ 슬라이딩

슬라이딩-사이드 백런지
슬라이딩-뒤서기-발차기-발차기

슬라이딩은 사이드, 사선 앞, 사선 뒤를 향하여 최소 2박자 이상 실시하는 동작이다. 중심이 되는 발을 두고 이동하는 발을 창작하고자 하는 방향으로 2박자 이상 시간을 끌면서 이동한 후, 중심이 되는 발이 따라간다. 동작이 크기 때문에 팔동작도 최대한 크게 하는 것이 조화롭다.

3.
발차기 구성법

1) 발차기 구성법

태권도의 다이나믹한 기본 발차기 기술을 스텝과 함께 자유롭게 활용할 수 있다.

 태권도 기본발차기 유형

① 앞뻗어올리기

② 앞차기

③ 돌려차기

④ 옆차기(점프옆차기)

⑤ 뒷차기

⑥ 뒤후리기

⑦ 무릎치기

⑧ 낚아차기(앞후리기)

⑨ 빠른 발차기

⑩ 나래차기

⑪ 360발차기(돌개차기, 발등)

⑫ 540발차기(뒷축)

■ 태권도 기본 발차기

기본스텝	동작설명	도해
앞뻗어 올리기	앞발을 가슴이 닿도록 최대한 끌어올려 빠르게 내려찍는 기술	가슴과 다리가 최대한 가깝게
앞차기	발로 앞에 있는 목표물을 가격하는 기술	
돌려차기	발을 안쪽으로 돌리며 목표물을 가격하는 기술	뒷모습

기본스텝	동작설명	도해
옆차기	옆날 축을 이용하여 사이드로 발차기	
뒷차기 (점프)	몸을 돌아 뒤로 뻗어 발등으로 차는 발차기로, 무릎을 접었다가 뒤로 뻗으며 목표물을 가격하는 기술	
뒤후리기	몸을 돌려 뒷발로 회전하여 가격하는 기술	① ② (뒷모습) ③ ④

기본스텝	동작설명	도해
무릎치기	무릎을 올려 낭심, 얼굴 등을 가격하는 기술	
낚아차기 (앞후리기)	무릎을 접으며 뒤축으로 목표물을 가격하는 기술	
빠른발차기 (발붙여차기)	스텝을 이용한 발차기로, 뒤쪽 발을 축이 되는 앞쪽 발로 끌어옴과 동시에 앞쪽 발로 돌려차는 기술	
나래차기	점프하면서 공중에서 좌우 번갈아 돌려차는 기술	

기본스텝	동작설명	도해
360발차기 (돌개차기)	앞쪽 발을 축으로 하여 뒤로 뛰어 돌려차는 기술	 뒷모습　뛰면서 왼발로 디딤
540발차기 (회전발)	앞발을 축으로 점프하여 한바퀴 반을 돌아 뒷축후리기로 차는 기술	 뒷모습

■ 유급자 발차기

앞차기, 뻗어올리기, 무릎치기, 돌려차기, 뛰어앞차기

위의 동작 등으로 서로 간격을 유지할 수 있고 박자에 맞추기 쉬운 동작을 구성 가능하다.

■ 유단자 발차기

표적차기, 옆차기, 뒤차기, 돌개차기, 거듭옆차기

위와 같이, 회전이 들어가고 서로의 간격유지가 필요한 동작은 박자에 맞추기 쉽지 않으므로 자세한 동작설명과 박자해석이 필요하다.

■ 체공 발차기

뛰어앞차기, 뛰어옆차기, 뛰어돌려차기, 뛰어뒷차기, 양발고축

양발을 동시에 움직여 모았다가 벌려서기, 크로스 뛰기 등을 통해 점프 동작(전, 후, 좌, 우, 사방돌기 등)을 함으로써 다양한 동적 움직임을 구성할 수 있다.

■ 회전 발차기

360돌려차기, 540뒤후리기, 700돌려차기, 900뒤후리기, 1080돌려차기

세로축을 기준으로 회전력을 활용하여 화려한 회전 기술(전, 후, 좌, 우, 사방돌기 등)을 선보임으로써 다양한 동적 회전 움직임의 구성을 가능하게 한다.

2) 태권도 겨루기 발놀림

태권도 겨루기 발놀림과 속임동작(페인팅)을 이용하여 기본발차기를 중심으로 다양한 발차기로 연결하여 이어차기로 활용할 수 있다. 특히, 자유품새 필수동작인 겨루기 연결발차기 기술과 잘 어울리도록 구성할 수 있다.

 태권도 겨루기 발놀림 유형

① 제자리에서 움직이는 딛기

② 자세 바꿔주는 딛기

③ 발 바꿔주는 딛기

④ 앞발 들고 나가는 딛기

⑤ 두 발 동시에 나가는 딛기

⑥ 한걸음 나가는 딛기

⑦ 뒷발 들고 나가는 딛기

⑧ 발 바꿔 나가는 딛기

⑨ 빠른 걸음으로 나가는 딛기

⑩ 발 붙여 나가는 딛기

⑪ 뒤돌아 나가는 딛기

⑫ 두 발 동시에 뒤로 따지는 딛기

⑬ 뒷발 들고 뒤로 빠지는 딛기

⑭ 한걸음 뒤로 빠지는 딛기

(1) 태권도 발차기 단일 발차기 유형

겨루기 스타일의 태권도 단일동작 기본발차기를 경쾌하고 박진감 넘치는 품새, 겨루기, 시범기술과 화합하여 음악과 함께 응용할 수 있다.

딛기 + 단일동작 기본발차기 수련

발놀림	단일동작 기본발차기
제자리에서 움직이는 딛기 자세 바꿔주는 딛기 발 바꿔주는 딛기 앞발 들고 나가는 딛기 두 발 동시에 나가는 딛기 한걸음 나가는 딛기 뒷발 들고 나가는 딛기 발 바꿔 나가는 딛기	▶ 앞차기(몸통, 얼굴) / 돌려차기(몸통, 얼굴) / 옆차기 / 내려차기 / 뒤차기 / 후려차기 / 뒤후리기 / 발붙여차기 / 발붙여내려차기 / 나래차기 / 돌개차기 / 지르기
빠른 걸음으로 나가는 딛기	▶ 앞차기(몸통, 얼굴) / 돌려차기(몸통, 얼굴) / 내려차기, 앞발 후려차기
발붙여 나가는 딛기	▶ 돌려차기(몸통, 얼굴) / 후려차기(앞발) / 내려차기
뒤돌아 나가는 딛기	▶ 돌려차기(몸통, 얼굴) / 내려차기 / 뒤차기 / 뒤후려차기
두 발 동시에 뒤로 빠지는 딛기 뒷발 들고 뒤로 빠지는 딛기 한걸음 뒤로 빠지는 딛기	▶ 뒷발 돌려차기(몸통, 얼굴)로 반격 & 받아차기 / 뒤차기로 반격 / 앞발 돌려차기(몸통, 얼굴)로 받아차기 / 뛰어뒤차기로 받아차기 / 앞발 후려차기로 받아차기 / 뒤후려차기로 받아차기 / 앞주먹 지르기 / 나래차기로 반격 & 받아차기 / 뒷주먹 지르기

(2) 손기술과 발동작을 활용한 복합 발차기 훈련

빠른 음악과 함께 점프의 원리와 겨루기 스텝을 접목하여 양발전진, 후진, 한발
전진, 후진, 한발축회전, 양발동시발바꾸기 등 다양한 태권도 안무 구성이 가능하다.

딛기 + 복합동작 기본발차기 수련

발놀림	복합동작 기본발차기
제자리에서 움직이는 딛기 자세 바꿔주는 딛기 앞발 들고 나가는 딛기 두 발 동시에 나가는 딛기 한 걸음 나가는 딛기 뒷발 들고 나가는 딛기 발 바꿔 나가는 딛기 빠른 걸음으로 나가는 딛기 발붙여 나가는 딛기 뒤돌아 나가는 딛기	▶ 공격+공격 – 돌려차기(몸통, 얼굴)+돌려차기(몸통, 얼굴) / 뒤차기 / 나래차기 – 발붙여차기+돌개차기 / 내려차기 / 발붙여내려차기 – 발붙여내려차기+발붙여차기(몸통, 얼굴) / 주먹지르기 – 뒷발밀어차기+뒤후려차기 – 발붙여밀어차기 – 나래차기 – 뒤차기+뒤차기 / 돌려차기 / 내려차기 / 주먹지르기 – 돌개차기+뒤차기 / 발붙여차기 / 발붙여내려차기 / 뒤후려차기
두 발 동시에 뒤로 빠지는 딛기 뒷발 들고 뒤로 빠지는 딛기 한걸음 뒤로 빠지는 딛기	▶ 받아차기+받아차기 – 앞발돌려차기(몸통, 얼굴)+앞발돌려차기(몸통, 얼굴) / 나래차기 / 앞발후려차기 – 뒷발돌려차기 / 앞발후려차기 / 앞발옆차기 / 뛰어뒤차 기 / 주먹지르기(앞, 뒷주먹)/ 나래차기 – 뒷발돌려차기+뒷발돌려차기 / 앞발돌려차기 / 앞발후 려차기 / 뛰어뒤차기 / 뒤후려차기(오른발)

4.
손동작 구성법

앞서 스텝과 발차기 기술을 통해 음악과 구성하여보았다. 이어지는 본 내용에서는 태권도 손기술 동작을 음악과 함께 흥겹게 구성한다.

1) 태권도 손기술 구성법

느린 속도의 동작은 태권도 안무 작품이 시작되는 전주 부분이나 작품 구성 중 쉬어가는 동작으로 주로 사용된다. 또한 이러한 동작은 관절을 접었다 펴는 동작의 대부분을 천천히 실행하여 움직임을 보여줌으로써, 내재된 에너지를 표현하는 방법이다.

☯ 태권도 손기술 유형

■ 방어기술
 ① 막기 : 상대의 공격을 막는 기술로 중요 신체부위를 보호하기 위한 방어 기술
 ② 빼기 : 상대방에게 몸의 일부가 잡혔을 때, 빼내는 기술
 ③ 피하기 : 상대방의 공격에 맞지 않도록 몸을 움직이는 기술

■ 공격기술
 ① 지르기 : 바른주먹으로 주먹을 총알처럼 회전하면서 공격하는 손기술
 ② 찌르기 : 손끝을 이용하여 좁은 부위를 공격하는 기술
 ③ 치기 : 공격기술이며, 공격 부위를 직선으로 공격하는 기술
 ④ 꺾기 : 상대방의 관절을 눌러 꺾거나 관절을 비틀어 꺾는 기술
 ⑤ 넘기기 : 상대방을 끌어당기거나 다리를 걸어, 들어서 중심을 넘어뜨리는 기술
 ⑥ 밀기 : 상대방을 손이나 발로 밀거나 밀쳐내는 동작 기술
 ⑦ 복합 동작 : 복합적으로 공격 혹은 방어가 동시에 이루어지는 기술

☯ 방향에 따른 손(발)기술 동작군

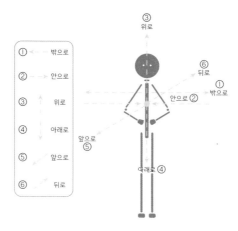

■ 인체의 중심에서 바깥으로 회전력을 이용한 손기술

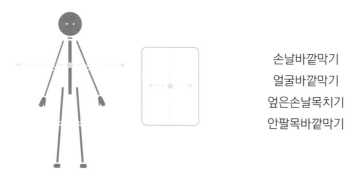

손날바깥막기
얼굴바깥막기
엎은손날목치기
안팔목바깥막기

■ 바깥에서 인체의 중심(안)으로 구심력을 이용한 손기술

몸통안막기
손날안막기
손날목치기
바깥몸통막기

■ 위에서 아래로 중력을 이용한 손기술

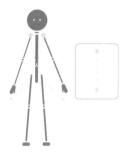

내려막기(아래막기)
손날아래막기
눌러막기
젖혀지르기
거들어 아래막기

■ 아래에서 위로 끌어올리는 손기술

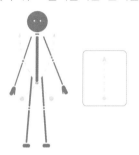

올려막기(얼굴막기)
솟은주먹올려지르기
치지르기
끌어올리기
걸어막기

■ 인체의 중심에서 앞, 또는 뒤로 몸의 중심을 이용한 손기술

지르기
팔굽앞(뒷)치기
등주먹앞치기
당겨턱치기
멍에치기

(1) 방어 손기술

■ 막기 방어 손기술

기본스텝	동작설명	도해
내려막기 (아래막기)	상대방의 공격을 위에서 아래로 내려막는 기술	
안막기 (몸통안막기)	손, 팔을 사용하여 몸의 바깥쪽에서 안쪽으로 막는 기술	안팔목
올려막기 (얼굴막기)	상대방의 공격을 위로 올려 막는 기술	

기본스텝	동작설명	도해
바깥막기	상대방의 공격을 몸의 안쪽에서 바깥쪽으로 막는 기술	
손날막기	손날을 이용하여 공격을 방어하는 술	
안팔목 바깥막기	안팔목으로 몸의 안쪽에서 바깥으로 방어하는 기술	

기본스텝	동작설명	도해
엊걸어막기 (올려, 아래)	상대방의 공격을 미리 차단하는 기술	
거들어막기	한 손으로 막을 때 다른 손으로 거드는 기술	

■ 피하기 방어 손기술

기본스텝	동작설명	도 해
비틀어 피하기	윗몸을 비틀어 피하는 기술	몸을 낮추며 상체를 비튼다
숙여 피하기	윗몸을 아래로 숙이며 피하는 기술	
젖혀 피하기	윗몸을 뒤로 젖히며 피하는 기술	
틀어 피하기	윗몸을 틀어서 피하는 기술	

■ 빼기 방어 손기술

기본스텝	동작설명	도 해
틀어빼기	잡힌 손목을 순간적으로 틀며 빼는 기술	 뒷모습
휘둘러빼기	팔이나 옷깃 등을 잡혔을 때, 팔꿈치나 어깨 축을 기준으로 팔을 크게 돌려 상대방의 팔을 꺾어 빼내는 기술	

(2) 공격 손기술

■ 지르기 공격 손기술

기본스텝	동작설명	도 해
바로지르기	주먹으로 목표물을 가격하는 기술 (걸어가는 자세의 공격)	앞선 발과 반대 방향의 팔을 뻗는다.
반대지르기	앞발과 같은 방향으로 목표물을 가격하는 기술 (진행하는 발과 진행하는 손이 동일 방향)	앞선 발과 같은 팔을 뻗음
내려지르기	주먹으로 밑에 있는 목표물을 가격하는 기술	앉으면서

아래지르기	아래로 지르는 주먹 공격	
옆지르기	몸을 옆으로 틀며 가격하는 기술	
돌려지르기	주먹으로 목표물의 옆면을 향하여 돌려 지르는 기술	팔 궤적

치지르기	젖힌 주먹을 수직 방향으로 아래에서 위로 목표물을 가격하는 기술	 팔 궤적

■ 찌르기 공격 손기술

기본스텝	동작설명	도해
세워찌르기	손을 세운 상태에서 공격하는 기술	세운 손날
젖혀찌르기	손바닥을 위로하여 아래로 찌르는 공격기술	
엎어찌르기	손끝을 모아서 상대를 공격하는 기술	

■ 치기 공격 손기술

기본스텝	동작설명	도 해
안치기	바깥에서 중심쪽으로 직선 공격하는 손(주먹, 손날)기술	
바깥치기	중심에서 바깥으로 직선 가격하는 (주먹, 손날)기술	
앞치기	주먹등 또는 바탕손을 이용하여 앞으로 가격하는 손기술	

돌려치기	몸을 수평으로 돌리며 목표물을 가격하는 기술	
올려치기	아래에서 위로 공격하는 기술	

■ 넘기기 공격 손기술

기본스텝	동작설명	도해
걸어넘기기	상대방의 다리를 걸어 넘어뜨리는 기술	
들어넘기기	상대방을 들어서 넘어뜨리는 기술	

■ 꺾기 기술

기본스텝	동작설명	도해
눌러꺾기	상대방의 관절을 눌러 꺾는 기술	
비틀어꺾기	상대방의 관절을 비틀어 꺾는 기술	

■ 밀기 공격 기술

기본스텝	동작설명	도해
통밀기	두 손바닥으로 통나무를 미는 듯한 모습의 기술	
바위밀기	바위를 미는 듯한 모습의 동작 기술	
날개펴기	새가 날개를 펴는 것과 같이 두 손바닥을 양쪽으로 미는 동작 기술	

■ 복합기술(방어+공격, 방어+방어, 공격+공격) 손기술

기본스텝	동작설명	도해
금강막기	금강역사상의 모습으로 한쪽 손은 얼굴을 올려막고, 다른 손은 아래막기를 동시에 이행하는 기술	
돌쩌귀	돌려지르기와 팔굽치기가 동시에 행해지는 기술	팔 궤적
산틀막기	안팔목과 바깥팔목으로 동시에 옆막기를 시행하는 기술	

2) 정적인 손동작

앞서 언급한 바, 느린 속도의 동작은 태권도 안무 작품을 시작하는 전주 부분이나 작품 구성 중 쉬어가는 동작으로 주로 사용된다. 또한 이러한 동작은 내재된 에너지를 표현하는 방법으로, 관절을 접었다 펴는 동작의 대부분을 천천히 실행한다. 최근에는 대회용으로 난이도 있는 동작에서 숨고르기 형태의 움직임을 보여 주기도 한다.

■ 정적인 동작

> 바위밀기, 날개펴기, 금강막기, 양팔을 이용한 무한대 그리기

천천히 하는 동작으로는 바위밀기, 날개펴기, 금강막기, 양팔을 이용한 무한대 그리기 등으로 활용된다.

■ 치기 동작

> 기본(유급자) : 주먹등치기, 팔굽치기, 멍에치기, 손날목치기
> 응용(유단자) : 제비품목치기, 메주먹치기, 바탕손치기

치기 중 유급자에 사용되는 동작으로는 관절의 회전을 이용한 주먹등치기나 팔굽치기, 멍에치기, 손날목치기 등이 있다. 이 동작들은 특히 음악의 박자에 맞추기 쉽고 정확히 구사할 수 있는 동작이기 때문이다. 유단자에 사용되는 동작으로는 제비품목치기, 메주먹치기, 바탕손치기 등이 있으며, 이 양손의 복합기술이나 응용동작으로 더욱 다양하게 구성할 수 있다.

■ 방어 동작

> 기본(유급자) : 아래막기, 몸통막기, 얼굴막기, 헤쳐막기, 한손날막기
> 응용(유단자) : 손날막기, 엇걸어막기, 금강손날막기, 돌쩌귀, 거들어막기

아래막기, 몸통막기, 얼굴막기, 헤쳐막기, 한손날막기 등은 박자를 맞추기 쉽고 동작표현이 간단하여 다양한 음악에 맞추어 유급자용으로 쉽게 구성할 수 있다. 손날막기, 엇걸어막기, 금강손날막기, 돌쩌귀, 거들어막기 등의 복합기술 동작을 통해 유단자용으로 작품의 난이도를 높일 수 있고 양손을 이용한 새로운 창작이 가능하다.

5.
공간사용별 동작 분류

　　동작을 공간으로 구성하자면 상, 중, 하 로 구분해 볼 수 있다. 대부분의 태권도 안무 작품은 중간 공간을 주로 사용한다. 그러나 공간의 위치를 달리하면 표현과 몸의 쓰임도 다르게 된다. 공간을 상, 중, 하 고르게 사용함으로써 안무 작품을 더욱 입체적이고 풍성하게 만들 수 있다.

　　공간은 우리의 몸의 중심이 어디에 위치하느냐에 따라 상, 중, 하로 나눌 수 있다. 동작의 상단은 주로 점프나 발차기 동작으로 구분할 수 있으며, 반드시 점프나 발차기가 아니더라도 가슴 위로 표현이 이루어지는 동작도 이에 포함된다. 중간의 공간에서 이루어지는 동작은 지면을 밟고 서서 시행하는 모든 안무로 볼 수 있다. 하단은 눕거나 앉거나 엎드린 자세, 즉 자세를 낮춘 동작으로 구분한다.

　　예) 태권도 안무 경연대회나 시범에서의 시연 중 꾸미기 동작이 입체적이고 풍성해 보이는 까닭은 공간적 측면에서 동작을 상, 중, 하로 사용했기 때문이다.

상

중

하

상

중

하

이와 같이 작품을 더욱 입체적으로 표현할 수 있는 방안으로서 공간사용의 비율을 인지하고 활용하는 것이 좋다.

6.
대형과 대형변화

대형변화는 태권도 안무 작품을 완성하고 시연하는 과정에서 대열을 변화시키는 것을 의미하며, 이는 시연자들이 의도적으로 짜여진 대형에 맞추어 이동하면서 더욱 역동적인 표현을 이끌어 내어 작품의 완성도를 높일 수 있기 때문에 사용한다.

대형변화가 없다면 굉장히 단조롭고 지루하게 느껴질 수 있으며, 반면 지나친 대형변화는 통일성이 없고 혼잡함을 초래할 수 있기 때문에 하나의 작품에 3~7가지의 대형변화가 가장 이상적이며, 시연자의 수준과 작품의 특성을 고려하여 적절히 조절할 수 있다.

1) 균형대형(기본대형)

균형대형은 가장 일반적이고 안정적인 대형이다. 3-3-3 대형은 연습할 때 주로 사용되며, 통일성, 일치성을 강조할 수 있다.

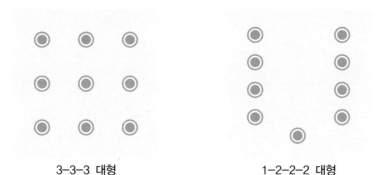

3-3-3 대형   1-2-2-2 대형

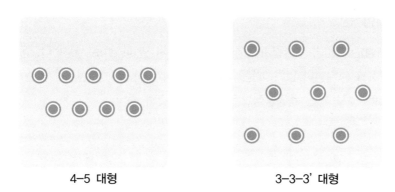

4-5 대형   3-3-3' 대형

2) 역피라미드 대형

역피라미드 대형은 일반적이고 균형적이면서도 입체적이고 모든 시연자들이 한 눈에 보이는 특성이 있다. 시연자의 실력 수준에 따라 배치할 수 있으며, 수준이 높은 시연자가 앞에 위치하여 다른 시연자들을 동작을 보고 할 수 있도록 함으로써 전체를 끌어줄 수 있다.

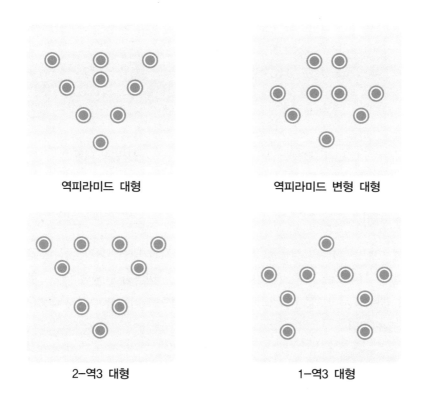

역피라미드 대형   역피라미드 변형 대형

2-역3 대형   1-역3 대형

3) 흐름 대형

흐름 대형은 개인기나 시간차 동작을 시연하고자 할 때 주로 사용된다. 동작수가 많으면 번잡하고 통일성이 없기 때문에 동작수를 적게 하거나, 개인기가 있는 시연자를 제외하고는 정지 혹은 홀딩동작으로 구성하는 것이 좋다.

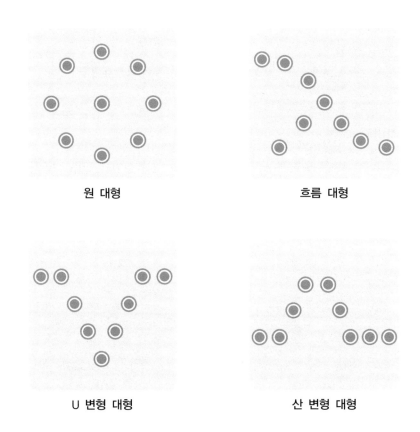

원 대형   흐름 대형

U 변형 대형   산 변형 대형

4) 대형 변화

대형 변화는 하나의 작품을 기준으로 3~7가지의 대형변화가 가장 이상적이다. 균형 대형을 시작으로 흐름, (역)피라미드 대형으로 이동하여 균형 대형으로 끝나거나, 균형 대형을 시작으로 (역)피라미드, 흐름 대형으로 이동하여 균형 대형으로 마치는 것이 일반적이다.

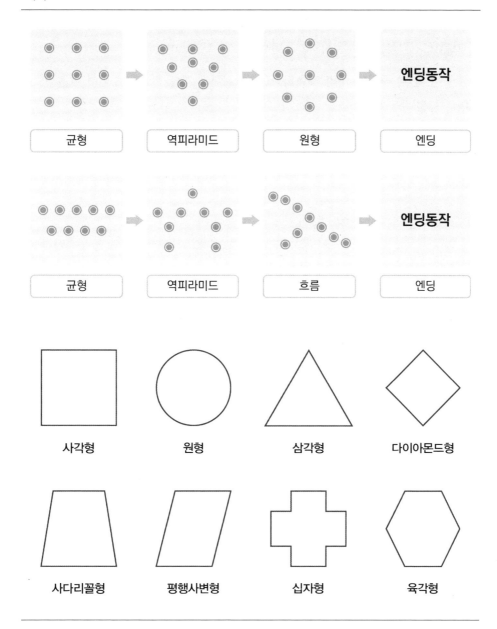

균형	역피라미드	원형	엔딩

균형	역피라미드	흐름	엔딩

사각형	원형	삼각형	다이아몬드형

사다리꼴형	평행사변형	십자형	육각형

5) 대형변화의 특징

단체로 동작을 수행할 때 하나의 대형에서 다른 대형으로 동선을 바꿔가며 안무의 흐름을 감각적으로 부각시키는 요소이다.

동선, 단체 군무에 따라 대형의 크기와 위치에 계속 변화를 주면서 유동적으로 보이도록 할 수 있다.

대형 변화시 동선이 간결하게 이루어지는 것이 좋다. 또한, 순차적으로 움직이게 하거나 분할 대형을 입체감 있게 사용할 수 있다.

6) 9인 구성의 대형변화 형태

대형 형태, WTA 교본

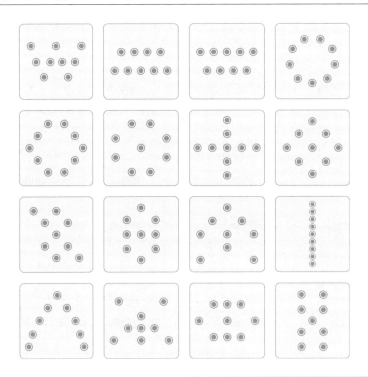

7) 그림으로 나타내는 대형변화 형태 사례

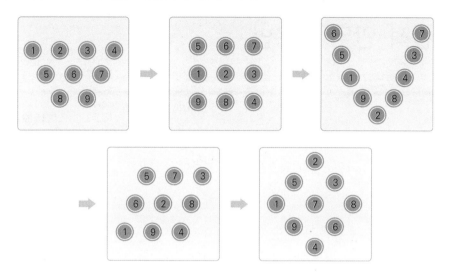

7.
공간적 안무 적용법

공간은 크게 개인공간과 일반공간으로 분류할 수 있다.

1) 개인공간

개인공간은 더욱 효과적인 지도를 위해 정의한 신체의 개인 공간 범위를 말한다. 통상적으로 개인공간은 자신의 신체를 중심으로 제자리에 서서 중심이동 없이 팔과 다리를 크게 확장하여 만들어 낼 수 있는 공간을 의미한다. 작품을 구성하고 시연함에 있어 시연자 중심의 공간인 개인 공간을 어떻게 쓰는가에 따라 구성이 풍성해진다. 이는 안무구성 시 공간적 요소에서 매우 중요한 부분이다.

개인공간은 몸을 중심으로 수평공간(거리), 수직공간(높이), 방향으로 나누어 볼 수 있다.

수평공간

▌시연자를 중심으로 팔을 벌린 수평적 공간의 의미

개인공간	신체 거리의 공간적 접근
거리 (수평공간)	A : 명치를 기준으로 몸통과 거리가 가까운 공간 B : 어깨에서 팔꿈치 정도의 중간 공간 C : 가장 주변 끝까지 펼칠 수 있는 팔 끝까지의 공간

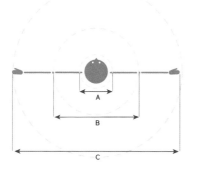

위에서 보는 수평공간

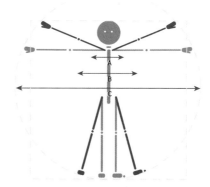

앞에서 보는 수평공간

예)

A공간은 작은 동작을 구사하고 내면을 표현하고자, 우리 몸 안에서 이루어질 수 있는 동작으로 구성한 공간이다.

B공간은 A공간과 C공간의 사이를 의미한다.

C공간은 큰 동작을 구사하고자 몸의 움직임을 몸 밖의 동작으로 구성한 공간이다. 이 공간을 이용하면 무대를 동작만으로도 채울 수 있는 효과가 있다. 하지만 정교한 감정을 표현하고자 할 경우, 더욱 많은 연습이 요구된다.

수직공간

▌시연자를 중심으로 보았을 때 수직적 공간의 의미

개인공간	신체 거리의 공간적 접근
높이 (수직공간)	H1 : 허리 아래 낮은 높이의 공간 H2 : 몸통 높이의 공간 H3 : 얼굴 이상의 공간

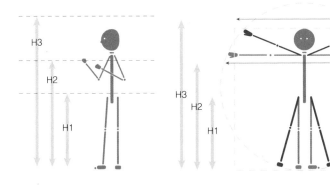

옆에서 보는 높이 공간　　　　　정면에서 보는 높이 공간

예)
발차기를 찬다고 가정할 때, 허리까지 차는 과정이 H1공간에 해당하며,
얼굴까지 앞차기하는 경우 H3공간을 사용한다고 할 수 있다.

개인공간(방향)

■앞을 보는 시연자를 중심으로

개인공간	신체 거리의 공간적 접근
방향	몸을 중심으로 크게 네 방향을 구분 N : 정면 앞, 북(N)의 방향 S : 뒤쪽, 남(S)의 방향 E : 오른쪽, 동(E)의 방향 W : 왼쪽, 서(W)의 방향

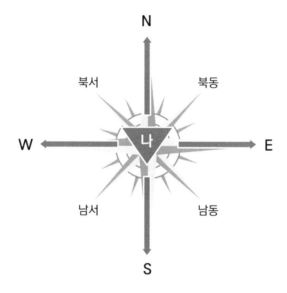

예) E → N 방향 : 동쪽에서 북쪽으로 이동

　　SE → WN 방향 : 남동쪽에서 북서쪽으로 이동하는 동선

2) 일반공간

일반공간은 몸의 무게와 중심이 이동하여 공간을 만들어내는 것으로 높낮이와 진행방향의 이동경로로 구분할 수 있다.

(1) 높이(이동경로의 높낮이)

바닥에서 두발을 딛지 않고 높이 뜬 공간을 상, 또는 점프(Jump, J)라고 한다.

두발을 바닥에 딛고 서있는 높이의 공간을 중, 또는 미들(Middle, M)이라고 한다.

무릎이나 손을 바닥에 짚으며 엎드리거나 앉은 낮은자세의 높이를 하, 또는 그라운드(Ground, G)라고 한다.

일반적인 높이의 개념

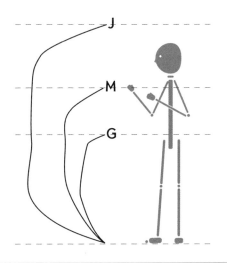

(2) 진행방향(움직이는 이동 방향)

앞선 개인공간과 같이, 우리의 몸을 중심으로 크게 네 방향의 이동경로를 구분할 수 있다.

정면 앞을 북(N)의 방향, 뒤쪽을 남(S)의 방향, 오른쪽을 동(E)의 방향, 왼쪽을 서(W)의 방향으로 구분한다.

진행방향

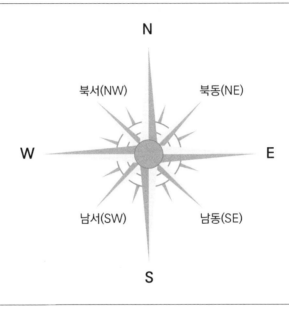

8.
호흡으로 표현하는 안무 적용법

개인공간과 일반공간을 더욱 풍성하게 표현하기 위한 호흡의 위치는 상, 중, 하로 구분할 수 있다. 무도 태권도는 공방(攻防)에 용이한 두 다리 갈래의 원초점을 '하단전'이라 하여 중심축으로 두고 동적 호흡법을 활용하고 있다. 그러나 평상시의 동작 활동에는 '중단전'의 폐 호흡(흉식호흡과 복식호흡의 절충적 호흡 : 가장 편안한 호흡 활동)이 사용되고 있으며, 높은 위치에서 이루어지는 기술과 점프 동작의 시범은 최대치로 '상단전'까지 끌어올리는 호흡법으로 더욱 풍성하게 공간적 표현을 적용할 수 있다.

동작에 따른 호흡의 위치

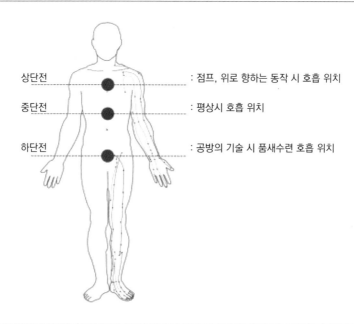

상단전 .... : 점프, 위로 향하는 동작 시 호흡 위치

중단전 .... : 평상시 호흡 위치

하단전 .... : 공방의 기술 시 품새수련 호흡 위치

Ⅳ

태권도 안무
지도법

교 육 목 적	태권도 안무의 지도방법에 대하여 살펴봄 으로써 학습자에게 동기를 유발하고, 적절 한 교수법을 이용하여 효과적인 지도를 할 수 있도록 한다.

1.
커뮤니케이션과 큐사인

1) 커뮤니케이션

다른 사람과의 의사소통(커뮤니케이션)이란 성공적인 사업이나 사회생활을 하는데 있어서 대단히 중요한 도구이다.

태권도 안무 지도자들은 수업 시간에 수련생들과의 효과적인 커뮤니케이션을 위하여 목소리, 손, 눈 등의 여러 동작으로 큐사인을 하게 되며 이를 통해 수업을 흥미롭고 재미있게 리드해나갈 수 있어야 한다.

2) 큐사인(Q-sign)

큐사인이란 지도자가 수련생들이 다음 동작을 시작하기 전에 말이나 동작 등으로 예시하는 것으로, 다음 동작에 대한 이해와 준비를 하도록 유도하거나 동작을 수정하고 중요한 포인트를 설명하는 것을 말한다. 큐사인은 구두와 시각에 의한 두 가지 형태로 이루어져 있다.

(1) 구두지시

구두지시는 동작의 실시를 위하여 명령하고 예시하는 것을 포함해서 수련생들의 동작에 대한 피드백을 할 때도 사용된다. 그뿐만 아니라 수련생들을 운동 강도에 대한 수준으로 평가하고 격려하는 수단으로서 구두지시를 사용한다.

예)
① 발동작 : 발이 무엇을 할 것인가를 지시(모아서기-앞서기-발차기 등)
② 방향전환 : 방향을 지시(앞으로, 뒤로, 왼쪽으로, 오른쪽으로 등)
③ 숫자를 나타내는 경우 : 반복하는 동작의 숫자를 지시, 이러한 큐사인은 특히 한 동작에서 어떤 동작으로 넘어가는 연결 동작의 경우에 필요(앞서기 4번, 주춤서기 2번)

■ 일반적인 수준에서 피드백(Feedback)을 제공한다.

특정한 개인의 동작을 고쳐주기 위하여 개별적으로 지적하는 것보다는 전체적으로 언급하도록 한다. 이것은 특정한 개인에게 부끄러움을 주지 않고 도와줄 수 있는 방법이다.

■ 자신의 동작을 스스로 고칠 수 있도록 시간을 주어야 한다.

필요할 때는 여러 번 반복하여 지시해주도록 한다. 유급자 수련생의 경우 어려운 단어보다는 쉬운 단어로 바꿔 이해를 돕는 것이 좋다. 중요한 말을 전해줄 때는 음악 소리를 낮추어 정확하게 교육적 동기를 유발할 수 있도록 해야만 한다.

■ 잘못을 교정할 뿐만 아니라 칭찬도 해줘야 한다.

통계에 의하면 칭찬을 해주었을 때 특별히 운동의 효과가 증진되었다는 것을 알 수 있다. 하지만, "잘한다."든가 "좋다."라는 단순한 칭찬을 남용하지 않도록 한다. 태권도 안무 동작을 정확히 구사했을 때 "중심을 잘 잡았다, 발차기가 좋았다, 리듬감이 좋다." 등 특정한 대상을 구체적으로 칭찬해야 한다.

(2) 시각지시

시각을 이용한 지시는 수련생들의 부정확한 동작을 교정하기 위해 정확한 동작을 보여주거나, A파트 동작의 다음 동작으로 넘어갈 때 미리 보여주기 위하여 사용한다.

예)

① 보통 반복하는 숫자나 동작의 방향성에 대한 지시의 경우에 쓰인다.

② 앞으로, 뒤로 또는 오른쪽, 왼쪽 등을 지시하는 데 쓴다.

③ 지도자가 목소리를 과도하게 냄으로써 목 부상이 발생할 위험을 낮춘다.

④ 많은 수련생이 한 데 모였을 때, 지도자와의 커뮤니케이션을 용이하게 할 수 있도록 해준다.

⑤ 다음의 동작을 눈으로 확인할 수 있도록 미리 예시해 준다.

■ 지도자는 무대의 각 방향으로 이동하면서 동작을 보여준다.

또한 수련생들 사이에 위치하여 동작을 보여주는 것도 중요하다. 그리고 모든 수련생들이 잘 볼 수 있도록 위치를 바꿔주면 태권도 안무 동작을 효과적으로 설명할 수 있다.

2.
태권도 안무 지도 및 연습방법

1) 덧붙이기 지도법

덧붙이는 방법은 전체 안무가 완성될 때까지 계속적으로 반복하여 습득하는 방법이다. 특히 초급 수련생들에게 적용하도록 권장하는 지도방법이다.

음악 없이 구령과 설명으로 A를 가르치고 음악에 맞추어 2~3회 연습한 다음 B를 가르치고 1+2를 연결하여 음악에 맞춘다. 이어서 C를 가르치고, 1+2+3을 연결하고 D를 가르친 후 전체 연결하여 반복 연습시킨다.

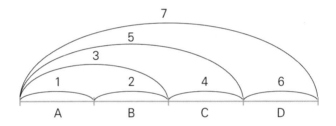

2) 피라미드 지도법

음악에 맞추어 단락별 동작을 반복하다가 반복횟수를 줄여서 마지막 안무가 완성되도록 하는 방법이다. 예를 들면 아래막기 준비와 아래막기, 얼굴막기 준비와 얼굴막기를 각각 16박자에 맞춰 반복하다가 동작이 익숙해지면 8박자, 4박자로 동작의 반복 수를 낮추는 방법이다.

이 지도방식은 중급 및 일반인들에게 적용하도록 권장한다. 위의 동작을 피라미드 형태로 지도한다.

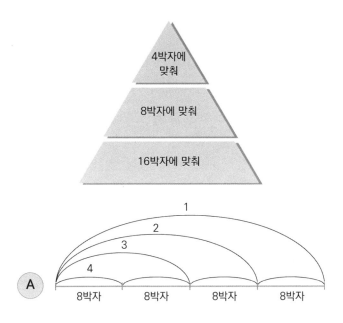

3) 끼워놓기 지도법

끼워놓기 지도법은 두 동작을 가르친 후, 그 사이에 다른 동작을 집어넣는 방법이다. 따라서, 강조하고 싶은 동작을 포인트로 설명할 때 사용한다.

예)

① 옆으로 이동하며 뒷굽이손날막기를 한 후, 모아서기하며 양손을 장골에 붙인다.

② 앞의 동작을 동작이 숙달될 때까지 좌우로 여러 번 반복한다.

③ 포인트가 되는 앞굽이, 엎은손날바깥치기, 손날목치기 동작을 각각 여러 번 반복한다.

④ 익숙해지면 뒷굽이손날막기 한 후 한발을 뒤로 빼며 앞굽이할 때 손날바깥치기, 손날목치기를 시행한다. 이후 모아서기하며 양손을 장골능에 붙인다.

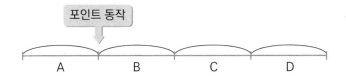

4) 쌓기 지도법

쌓기 지도법은 공간 이동이 많거나 서기 동작이 많을 때, 또한 단순한 동작에서 복잡한 동작으로 작품을 구성할 때 주로 사용하는 지도방법이다.

서기부터 지도하고 팔동작, 방향 전환 등을 하나씩 추가하며 구분동작으로도 설명이 가능하다.

예)
① 앞차기 후 반대발을 뒤로 빼고 앞굽이하는 동작을 여러 번 반복한다.
② 앞굽이할 때 손날얼굴바깥막기 동작을 추가하여 익숙해지도록 반복한다.
③ 동작이 익숙해지면 돌려차기에 옆차기를 연결한 후 이어서 좌우로 나란히 뒤 꼬아서기를 반복한다.
④ 동작이 잘 연결되면 이어서 꼬아서기할 때 팔동작인 팔굽돌려치기를 추가한다.
⑤ 이어 옆으로턴돌아서기를 추가한다. 여러 번 반복한 후 턴돌아서기 시 등주먹 옆치기를 한다.

3.
태권도 안무 지도 시 유의점

1) 도입부

■ 수련생들의 위치를 생각하라.

보통 초보 수련생들은 맨 뒤에 위치한다. 그러나 초보 수련생일수록 지도자를 잘 볼 수 있도록 옆, 혹은 중앙에 서서 할 수 있도록 배치하는 것이 좋다.

2) 전개부

■ 자신있게 시범한다.

2회 정도 시범하는 것이 좋고 동작을 크고 정확하게 과장될 정도로 표현하는 것이 좋다.

■ 8박자를 기본으로 몇 개의 부분을 나누어 가르친다.

첫 부분인 A를 여러 번 연습하고, 다음 부분 B로 옮겨 연습한다. 다음으로 A와 B를 반복해 가르친다. C를 연습하고, B와 C를 반복해서 가르친다. 이후 마지막 부분인 X까지 가르치면 X와 A를 연결해 가르친다. 특히 X와 A 부분을 확실하게 연습하면 춤의 흐름을 몸으로 생각하게 된다.

■ 동작은 크게 천천히

특히 초보자에게 가르칠 때는 쉽게 이해되도록 동작을 크게, 천천히 진행한다.

■ 연습 중, 움직임이 시작될 때를 확실히 알기 쉽게 호령한다.

■ 카운트 수를 정확하게 알려주고, 입으로 모두 함께 카운트를 말한다.

싱코페이션(syncopation) 등의 카운트는 동작 전에 입으로 말하고, 수련생들에게 반복 설명한 후 동작을 시행하면 좋다. 모두 함께 카운트하며 태권도 안무 동작을 실시하면 효과적이다.

■ 발동작을 먼저 지도한 후 손동작을 지도한다.

손·발동작을 동시에 가르치면 혼란스럽다. 따라서 발동작만을 먼저 가르치고 수련생이 충분히 습득되었다면 손동작을 가르치도록 한다.

■ 전체 가르침이 끝나면 음악 없이 2~3회 실시한다.

카운트를 입으로 말하며 천천히 시작하고 조금씩 속도를 내어 빠르게 동작한다. 유의하지 않으면 점점 빨라지는 경향이 있으므로 주의가 필요하다. 연습 때와 실제로 음악에 맞추어 동작을 실시할 때의 속도에 그다지 차이를 두지 않는 것이 좋다.

■ 빠른 곡은 음악으로 연습한다.

특히 빠른 곡을 초보자에게 가르칠 때는 주의해야 하며, 느린 곡을 통하여 연습하며 단련한 후 본래의 곡으로 최종적으로 맞추어보면 더욱 효율적인 지도가 될 것이다.

■ 곡을 틀어서 전체를 체크한다.

지도자는 수련생들의 동작에 부족한 부분이 있다면 거듭 설명해 그 부분을 반복 연습할 필요가 있다. 2~3회 연습하여도 이해를 못 하는 사람이 있으면 설명 방법을 바꾸든지 더 상세하게 나누어 설명한다.

3) 설명

■ 간단명료하게 설명한다.

이것저것 두서없이 설명하는 것보다 간단하게 설명하고 직접 동작을 실시한다. 선보인 후 가르치면 이해에 소요되는 시간을 절약할 수 있다.

■ 애매한 표현은 하지 않는다.

"이쪽 발은 이쪽으로" 등의 표현은 지양하고, "왼발을 앞으로"라는 식으로 명확하게 전달하면 이해에 용이하다.

 지도 Tip

① **거울 버전**

• 강사와 교육생이 서로 마주보며 지도하고 배우는 교육형태

• 구분동작 및 중요동작을 설명할 때 유리함

② **그림자 버전**

• 교육생이 강사의 등을 바라보며 배우는 교육형태

• 전체적인 동작을 배울 때 유리함

4.
태권도 안무 지도 시 전체적인 주의점

1) 설명은 확실하게 큰 목소리로 전한다.

2) 작은 실수는 일일이 사과하지 않는다.

3) "알았습니까? 이해합니까?"라고 물어도 소용없다.

4) 한 사람에게 집중적으로 주의를 주지 않는다.
   주의를 주기 보다는 지도자가 잘못된 동작을 시범으로 보여주면서 설명하는 것이 좋다.

5) 수련생을 칭찬한다.

6) 수업의 분위기를 즐겁게 만든다.

7) 음악을 틀 때 공백을 두지 않는다.

태권도 안무 창작 순서 요약 1

1. 대상 선정

① 가르쳐야 할 대상을 먼저 고려한다.

② 대상에 따라 주의점을 파악한다.

2. 음악 선정

① 대회용 : 2분(1분 40초 이내)

② 교육용 : 2분 또는 3분 정도, 대상 및 의도에 따라

3. 카운트 세기

① 악보를 얻거나, 음악을 반복하여 들으면서 박자를 나눈다.

② 8카운트로 32카운트(8×4)를 기본으로 구성한다.

③ 박자를 세면서 동시에 단락(마디)을 구분한다.

④ 음악에 따른 패턴을 확인하고 자연스레 이어지도록 한다.

4. 단락 구분

① 대부분의 구성(도입부(간주)-전반-간주-후반-마무리)의 박자를 세면서 안무 표를 구성한다.

② 도입부나 마무리가 정확하게 8카운트로 떨어지지 않거나 박자를 뭉그러뜨리는 경우는 나중에 완성하여 별도로 구성한다.

③ 전·후반 보편적으로 8×4(32)카운트로 구성된 프레이즈가 4~6개로 이루어진 경우가 많다(단락을 구분할 때 이 프레이즈를 기준으로 다시 세분화한다).

5. 느낌 찾기

① 계속 반복되는 부분을 찾아서 표시해두고 곡 전체의 흐름을 파악한다.

② 강세(break)를 찾는다. 음악이 멈추거나 늘어지는 부분, 고조되는 부분에 포인트를 준다.

6. 안무짜기

특색있는 부분을 먼저 계획한 뒤 앞뒤로 남는 카운트를 채우는 방식도 있고, 8카운트 혹은 16카운트, 길게는 32카운트를 한 번에 만들 수도 있다.

태권도 안무 창작 순서 요약 2

7. 대형이동을 이용하라

도입, 간주부분 등에 시간차로 대형변화를 주어 완성도를 높인다.

8. 시작과 끝을 잘 맞춰라

등장할 때 깊은 인상을 주도록 한다. 관객의 집중도는 시작하고 나서 30초간 가장 높다.

음악의 끝부분도 정확하게 끝맺음하여야 한다.

9. 퍼포먼스를 적절히 사용하라

관객에게 달려들기, 사탕 뿌리기, 꽃가루 뿌리기 등의 관객과 함께하는 퍼포먼스가 있다.

V

태권도 안무의
실제

교육
목적

대상·목적별 태권도 안무에 따른 강의 계
획서와 교안을 통해 실제적인 태권도 안
무를 익힐 수 있으며 구성 동작과 평가 방
법 등 전체적인 강의를 구성한다.

1.
강의 계획서

1) 4주간 강의 계획서

지도자 연수 운영기관의 요청으로 구성된 한 달 강의 프로그램이다. 태권체조 안무 위주로 일주일에 한 가지씩을 교육한다.

■ 4주간 강의 계획서

교과목명	태권체조	시간	3	H.P	
담당교수	(인)	E-mail			
강의시간	오후 1~3시				
교과목 개요	태권도동작을 자연스럽게 체화하고 건강증진과 신체능력 향상을 위해, 음악을 접목한 태권도 안무의 다양한 종류와 활용방법을 학습하고 이해한다.				
수업목표	태권도 동작구성별 안무를 학습한다. 태권체조 지도방법 및 활용방법을 이해한다.				
평가	매주 태권체조 습득 확인 평가				
교재 및 부교재	지도자를 위한 태권체조 이론 및 실제				

주 차	강의내용	과제물 및 강의진도계획	비고
1	태권체조 활용 목적 및 방법 이해하기 태권도 기본동작 위주 안무 배우기 구성동작 구분하기 동작 요령 및 응용하기	태권도의 기본동작 연습	

2	태권도 겨루기 유형 안무 배우기 구성동작 구분하기 동작 요령 및 응용하기		
3	태권댄스 안무 배우기 구성동작 구분하기 동작 요령 및 응용하기		
4	태권체조 안무 복습 및 창작하기	팀별	
과제			

2) 15주간 강의 계획서/16주간 강의 계획서

학기용 강의계획서로 참여자의 수준과 특성에 맞게 조정하여 사용할 수 있다.

■ **15주간 강의 계획서**

교과목명	태권체조		시간	3	H.P	
담당교수	(인)		E-mail			
강의시간	오후 3~5시					
교과목 개요	태권체조란 태권도동작과 호신기술을 자연스럽게 체화하고 더불어 표현력 있는 신체와 풍부한 운동능력을 향상시키기 위해 음악을 접목하는 과정으로 태권도 안무의 개념과 이해를 돕는다. 태권체조는 태권도를 아동체육과 사회체육의 개념으로 널리 알리기 위한 방법으로 활용되고 있다. 대한민국태권도협회에서 기획, 제작한 공인태권체조를 통해 신체의 리듬과 태권도 응용동작을 습득하고, 다양한 음악과 장르를 접목함으로써 팀워크와 태권도 안무 창작능력을 향상시킨다.					
수업목표	공인태권체조를 통해 리듬감과 박자감을 습득하고 태권도 응용동작을 접목해본다. 다양한 음악과 장르를 접목하여 창작태권도 안무개발 능력을 향상시킨다.					
성적평가	중간고사(30%), 출석(10%), 수업기여도(10%), 과제물(10%), 기말고사(40%)					
교재 및 부교재	KTA 공인태권체조 영상CD 국기원(2012). 태권도교본. 오성출판사.					
주 차	강의내용		과제물 및 강의진도계획			비고
1	오리엔테이션, 수업진행의 이해					
2	태권도 안무의 개념과 이해		빔프로젝트			
3	태권도 안무 1장 습득					
4	태권도 안무 1장 복습 및 대형변화		개인별			
5	팀별 태권도 안무 1장 및 2장 습득					
6	팀별 태권도 안무 2장 복습 및 팀별 개발활동					
7	태권도 안무 1장과 2장 복습 및 대형변화					
8	중간고사					

9	태권도 안무 응용1	팀별	
10	태권도 안무 응용2		
11	태권도 안무 응용3		
12	태권도 안무 응용4		
13	태권도 안무 응용5		
14	태권도 안무 응용6		
15	기말고사		
과제			

■ 16주간 강의 계획서

교과목명	태권체조	시간	3	H.P	
담당교수	(인)	E-mail			
강의시간	오후 1~2시40분				
교과목 개요	태권도 수련법의 고정된 틀에서 벗어나 다양한 활용방법과 인식의 변화를 추구한다. 음악과 태권도 동작의 조화를 이루는 안무의 방법을 터득하여 자연스럽게 태권도 수련의 즐거움을 지도하고 전파하는 법을 익힌다.				
수업목표	박자를 나누고 동작을 맞추는 법을 익힌다. 구령법 및 지도하는 법을 익힌다. 수련 목적에 맞게 안무를 구성하는 요소를 익히며 창작을 해본다.				
성적평가	중간고사(30%), 출석(10%), 수업기여도(10%), 과제물(10%), 기말고사(40%)				
교재 및 부교재	전정우, 송선영(2019). 지도자를 위한 태권체조 이론 및 실제. 대한미디어. 국기원(2012). 태권도교본. 오성출판사.				

주 차	학습과제	강의내용	비고
1	태권체조의 이해	오리엔테이션 태권체조의 정의, 목적 및 효과	
2		음악 박자 이해하기 태권체조의 필수 스텝 익히기 음악과 스텝 맞추어 움직이기	
3		태권 스트레칭 태권도 주 근력운동하기 태권도 동작 분류하기 (손기술, 발기술, 서기기술)	
4		음악 BPM 분석하기 수업 구성해보기 (준비운동, 본운동, 정리운동)	
5	태권도 안무 구성 (겨루기유형) 및 지도법	카운트 소리내어 구령넣기 무릎들기와 스텝, 발차기 연결하기 음악에 맞추어 동작 연결하기 끼워놓기 지도법	

6		카운트 소리내어 구령넣기 끼워놓기 지도법 연습 겨루기 유형 안무 연습하기	
7	태권도 안무 구성 (시범유형) 및 지도법	동작연결 시 예령넣기 회전하기 동작 점프동작 박자 맞추기 덧붙이기 연습하기	
8		동작연결 시 예령넣기 덧붙이기 지도법 연습 시범유형 안무 연습하기	
9	태권도 안무 구성 (댄스유형) 및 지도법	동작 지시하기 댄스 스텝 익히기 신체분절하여 움직이기 피라미드 지도법	
10		동작 지시하기 피라미드지도법 연습 태권댄스유형 안무 연습하기	
11	태권도 안무 지도평가	태권도 안무 지도하기1 (구령, 예령, 방향지시하기)	
12		태권도 안무 지도하기 2 (지도법 선택 풀이하기 실습)	
13	태권도 안무 창작 및 활용	창작하기 1 대상 및 활용목적 정하기	
14		창작하기 2 공간 활용하기	
15		창작하기 3 대형변화 연습	
16	기말평가	태권도 안무 작품 창작평가	
과제			

2.
안무교안 작성지

지도할 때 쓰이는 안무교안 작성지의 전체적인 윤곽은 다음과 같다.

1) 태권도 안무 작성지 예시 1, 2, 3
2) 태권도 안무 작성지 사례 1(기본형 발차기)
3) 태권도 안무 작성지 사례 2(공인태권체조 1장)
4) 태권도 안무 작성지 사례 3(스트레칭)
5) 태권도 안무 작성지 사례 4(스탠드형 발차기)
6) 태권도 안무 작성지 사례 5(유단자형 태권체조)
7) 태권도 안무 작성지 사례 6(실버태권도 상·하체 스트레칭)
8) 태권도 안무 작성지 사례 7(자유품새 교안 1분 30~40초 이내)
9) 태권도 안무 작성지 사례 8(태권도 시범 15분 프로그램)

1) 태권도 안무 작성지 예시 1

태권도 안무 :

팀명	
성원	
대상층	
주제 및 목적	
콘셉트	
음악1	
음악2	
효과음	
구성 (음악사용)	
구성 (동작사용)	
기타 사항	

1) 태권도 안무 작성지 예시 2

주제			제목		
	1 2 3 4 5 6 7 8	1 2 3 4 5 6 7 8	1 2 3 4 5 6 7 8	1 2 3 4 5 6 7	8
	1 2 3 4 5 6 7 8	1 2 3 4 5 6 7 8	1 2 3 4 5 6 7 8	1 2 3 4 5 6 7	8
	1 2 3 4 5 6 7 8	1 2 3 4 5 6 7 8	1 2 3 4 5 6 7 8	1 2 3 4 5 6 7	8
	1 2 3 4 5 6 7 8	1 2 3 4 5 6 7 8	1 2 3 4 5 6 7 8	1 2 3 4 5 6 7	8
	1 2 3 4 5 6 7 8	1 2 3 4 5 6 7 8	1 2 3 4 5 6 7 8	1 2 3 4 5 6 7	8

1) 태권도 안무 작성지 예시 3

주제	1	2	3	4	5	6	7	8	1	2	3	4	5	6	7	8	제목	1	2	3	4	5	6	7	8	1	2	3	4	5	6	7	8
	1	2	3	4	5	6	7	8	1	2	3	4	5	6	7	8		1	2	3	4	5	6	7	8	1	2	3	4	5	6	7	8
	1	2	3	4	5	6	7	8	1	2	3	4	5	6	7	8		1	2	3	4	5	6	7	8	1	2	3	4	5	6	7	8
	1	2	3	4	5	6	7	8	1	2	3	4	5	6	7	8		1	2	3	4	5	6	7	8	1	2	3	4	5	6	7	8
	1	2	3	4	5	6	7	8	1	2	3	4	5	6	7	8		1	2	3	4	5	6	7	8	1	2	3	4	5	6	7	8
	1	2	3	4	5	6	7	8	1	2	3	4	5	6	7	8		1	2	3	4	5	6	7	8	1	2	3	4	5	6	7	8

2) 태권도 안무 작성지 사례 1(기본형 발차기)

작품명	'까탈레나' 태권체조	대상	어린이 이상
작품의 목적	간단한 준비 운동 후 짧은 시간 내 태권도 기본 발차기를 통해 심박수를 높여, 중강도 이상의 운동효과를 얻는다. 따라서 빠른 예열과 전문 훈련에 필요한 근육을 극대화하는데 그 목적이 있다.		

단락	가사				동작 군	
	8 8	8 8	8 8	8 8	8 8	8 8
간주	간주	춤추는~	간주	도도한 뭇때	나비털기(8박자), 다리벌리기(8박자)	앉으로숙이기(4박자×2, 2박자×3)
A	어머머머~	까칠까칠 하지만~		앞차기(4박자×2, 2박자×3)	앞차기(4박자×2, 2박자×3)	
B	까칠까칠 하지만~			돌려차기(4박자×2, 2박자×3)	돌려차기(4박자×2, 2박자×3)	
C	랄라랄라~	주티 메리~		옆차기(4박자×2, 2박자×3)	옆차기(4박자×2, 2박자×3)	
D	춤추는~	도도한 뭇때~		다리접어스트레칭(4박자×2, 2박자×3)	다리접어스트레칭(4박자×2, 2박자×3)	
E	스르르르륵~	따르르르륵~		뒷차기(4박자×2, 2박자×3)	뒷차기(4박자×2, 2박자×3)	
A'	간주	분하지만~		앞차기(좌우4박자), 스텝(2박자×2)	앞차기(좌우4박자), 스텝(2박자×2)	
A'	시크해서~			앞차기(4박자×2, 2박자×3)	앞차기(4박자×2, 2박자×3)	
B'	랄라랄라~	주티 메리~홍이홍이~		돌려차기(좌우4박자×1, 2박자×3)	돌려차기(좌우4박자×1, 2박자×3)	
C'	춤추는~	도도한 뭇때~		옆차기(좌우8박자×1)	옆차기(좌우낮게2박자×3)	
F	스르르르륵~	따르르르륵~		뒤후리기(좌우4박자×1), 스텝(2박자×2)	뒤후리기(좌우4박자×1), 스텝(2박자×2)	
				마무리		

간주 – A – B – C – D – E – A' – A'' – B' – C'' – D

3) 태권도 안무 작성지 사례 2(공인태권체조 1장)

작품명	공인태권체조 1장		대상	초급자용
작품의 목적	태권도 수련 시 기본이 되는 동작을 주로 구성하고 안무하여 기본기술을 숙달한다.			

단락	카운트		동작
간주	8	8	8박쉬고준비(8박자), 손날아래막기(8박자), 아래막기(4박씩), 아래막기(2박씩), 기다리기(4박자)
1	8	8	아래막고옆굴막기 클로스 지르기(8박자), 전진 후 무릎들고 아래막고 지르기(8박자)×2
2	8	8	거듭어막기 후(8박자) 무릎치기4회(8박자)×2
3	8	8	옆구리부터 출발하여 양주먹지르기2회 후 7장 헤쳐막기 무릎치기(8박자), 스텝 무릎들어앞차기 옆구리당기기(8박자)×2
4	8	8	전진 아래막기2회, 옆굴막기2회(8박자), 스텝(4박자) 후진2회×2
5	8	8	한손날아래막고 좌우, 양손 손날아래막기(8박자), 옆굴막고지르고 앙손주먹지르기(8박자)×2
6		8	황소막고아래막기 전진 후 앞차기(8박), 황소막고아래막기 후진 후 앞차기
4	8	8	좌우아래막기2회, 옆굴막기2회(8박자), 스텝(4박자) 후진 2회×2
1	8	8	아래막고옆굴막기 클로스 지르기(8박자), 전진 무릎들고 아래막고 지르기(8박자)×2
간주	8	8	아래막기(2박씩), 아래막기(4박씩), 손날아래막기(8박자)

간주 - 1 - 2 - 3 - 4 - 5 - 6 - 4 - 1 - 간주

4) 태권도 안무 작성지 사례 3(스트레칭)

작품명	'사랑을 했다' 태권스트레칭	대상	전수령생용
작품의 목적	부상방지를 위한 몸풀기 및 혈액순환을 위한 스트레칭 안무		

단락	가온트	동작
1	8 8 8	양팔머리위로펴서 잡아주기, 양팔아래내리고 무릎앉아 무릎안아주기, 무릎펴고 허리숙여주기, 등부터전천히 허리펴차렷하기
2	8 8	양손깍지끼고 앞으로늘리기, 양손깍지끼고 머리위로늘리기, 양손펴서 몸통뒤로잡아주기, 깍지낀손 몸어주기
3	8 8	머리기울기 왼쪽, 목돌려주기, 머리기울기 오른쪽, 목돌려주기
4	8 8	양손앞으로모아서 등스트레칭+양손장골에붙이며 가슴늘리기(4회 반복)
5	8 8	주춤서서 팔굽을왼쪽뒤로치며 좌4회허리틀기, 주춤서서 팔굽을오른쪽뒤로치며 우4회허리틀기, 좌우중심이동하며 몸통돌리기8회(16박자)
6	8 8	앞굽이깊게스트레칭(좌), 삼각자세, 더깊게스트레칭(좌), 상체세우고스트레칭
7	8 8	한발씩변감아내전근스트레칭
6'	8 8	앞굽이깊게스트레칭(우), 삼각자세, 더깊게스트레칭(우), 상체세우고스트레칭
7'	8 8	한발씩변감아스트레칭
8	8 8	양발나란히두고 허리숙여반운스, 한발기슴닿기(좌), 양발나란히하고 허리숙여반운스, 한발기슴닿기(우)
8	8	주춤앉아스트레칭, 무릎펴고 상체를전천히물엄으로 바로세우기

1 - 2 - 3 - 4 - 5 - 6 - 7 - 6' - 7' - 8

5) 태권도 안무 작성지 사례 4(스탠드형 발차기)

작품명	스탠드 발차기	태권체조		대상	유급자용
작품의 목적	반복적인 무릎들기와 스텝, 발차기의 연결을 통해 발차기 순발력 기능 향상				

가운트	단락	단락	동작(140~145bpm곡 선택)
8 8 8 8	1	1	왼무릎 2×4, 오른무릎 2×4, 왼무릎 2×2, 오른무릎 2×2, 왼·오른 2×4
8 8 8 8		2	왼힘, 무릎수평들기(밖으로) 2×4, 오른힘, 무릎수평들기(밖으로) 2×4 / 왼힘, 무릎수평들기(안으로) 2×4, 오른힘, 무릎수평들기(안으로) 2×4
8 8 8 8		3	왼무릎들었다가 앞꼬아찍기 2+무릎들었다가 나란히찍기 2+왼힘밖으로돌기 2+왼힘뒤로차기 2 / 오른발 반복 8 / 왼무릎들었다 왼앞차기 2, 2×1, 오른무릎들었다 오른앞차기 2, 2×1 / 왼무릎들었다 왼돌려차기 2, 2×1, 오른무릎들었다 오른돌려차기 2, 2×1
8 8 8 8	2		왼발사선뻗어 런지 후 모아서기2+오른발사선뻗어 런지 후 모아서기2+왼앞차기 이어 오른앞차기 / 왼발사선뻗어 런지 후 모아서기2, 오른발사선뻗어 런지 후 모아서기2+왼돌려차기 이어 오른돌려차기 / 후 뒷 방향으로 돌아서 겨루기자세를 취한다. / 방향을 전환하여 위의 순서의(16박자) 반복한 후 정면을 보고 돌아선다.
8 8 8 8	3		제자리뛰기 2+발교차뛰기 후 다시바깥휴리기 2, 2, 2, 2, 2, 2 / 오른발앞에두고 제자리뛰기 2+발교차뛰기+왼발안휴리기 후 다시 바깥휴리기 2, 2, 2 / 오른발앞에두고 제자리뛰기 2+발교차뛰기+ 오른발 거듭돌려차기 +겨루기자세 2, 2, 1, 1, 2 / 오른발앞에두고 제자리뛰기 2+발교차뛰기+왼발거듭돌려차기+겨루기자세 2, 2, 1, 1, 2
8 8 8 8	4		양발전진스텝+엄줌+백스텝+엄줌 2+다시 양발전진스텝+엄줌+백스텝+엄줌 2 / 제자리서 오른·왼발나래차기+스텝 2+다시 오른·왼발나래차기+스텝 2 / 앞발뒤로빼서딛고 오른·왼발안아돌려차기 4+다시 오른발뒤로빼서딛고 왼앞발안아돌려차기 4 / 양발전진스텝+엄줌+백스텝+엄줌 2+오·왼나래차기
8 8 8 8			전체적으로 다시 한 번 반복

1 - 2 - 3 - 4 - 1 - 2 - 3 - 4

6) 태권도 안무 작성지 사례 5(유단자용 태권체조)

작품명	썸마이웨이	대상	유품자용
작품의 목적	태권도기술을 표현력 있는 움직임으로 구성하여 동작의 한계를 확장하고 운동 흥미 증진		

카운트	단락	동작	
		발동작	손동작
8 8 8 8	1	어깨뿌기(좌, 우, 좌더블)+(우, 좌, 우더블)×2회 왼쪽나란히모아서기+오른쪽나란히모아서기+ 점프하며나란히서기+좌우몸흔들어주기 8박자	더블돌때 양손산틀막기형태(이매 손바닥펴주기) 왼손엎은손날앞치기+오른손엎은손날앞치기+ 고개숙이며옆겨아래막기+고개들어정면보기+자세유지
8 8 8 8	2	왼발앞서기(4박자)+오른발앞서기(4박자) 나란히모아서기(왼·오른)×4회 왼발앞서기(4박자)+오른발앞서기(4박자) 사선으로앞굽이주춤자세×4회	산틀막기(4박자)+해쳐아래막기(4박자) 몸통지르기 왼·오른·왼·오른(모아서기할 때 지르기한다) 금강아래막기+바깥막기+오른금강아래막기+오른바깥막기 산틀막기형태에서 한손씩어퍼컷치기(어깨움직임이 댄스형태)
8 8 8 8	3	앞으로스텝2(3박자)+오른무릎치기(1박자)+스텝2(3박자)+ 왼무릎치기(1박자) 사선으로앞굽이자세(런지)×4회 (정면)앞무릎들기+돌려라무릎들기+(뒷면) 옆무릎들기+ 뒤무릎들기 왼쪽나란히모아서기+오른쪽나란히모아서기+ 점프하며나란히서기	무릎치기 시 손 내려치기 얼굴막기×4회 왼손엎은손날앞치기+오른손엎은손날앞치기+ 고개숙이며옆겨아래막기+고개들어정면보기

8 8 8 8	4	왼쪽스텝2(3박자)+엎으로무릎들기(1박자)+오른쪽스텝2(3박자)+엎으로무릎들기(1박자)	무릎들기 시 앞손무릎터치+ 반대쪽 반복
		딛고무릎옆으로들기×4회	
		왼발엎치고 상체숙여바운스 모아서기+오른발엎치고 상체숙여 바운스 모아서기	앞손을 가슴앞에 모으고 몸을 움츠려 피하는 자세
		왼방향나란히모아서기+오른쪽스텝1+점프나란히딛고 점프 꼬아서서 턴돌아정면보기	왼손날바깥치기+오른손날바깥치기+겨루기자세
8 8 8 8	5	겨루기포즈로 전진스텝(2박자)+앞굼이주춤자세(2박자)	걸고지르기(2박자)
		후진스텝(2박자)+오른발돌려치기(2박자)	걸고지르기(2박자)
		반대쪽 동작 반복(8박자)	박수
		앞으로 왼쪽스텝2, 오른쪽스텝2 뛰기×2회(8박자)	엇걸어빼막기
		런닝하며제자리돌아오기(4박자)+나란히서기	
8 8 8 8	6	제자리발모아뛰기+왼발엎딛고런지	산틀막기 형태의 동작(손바닥은 펴준다)
		제자리발모아뛰다가 오른발엎딛고런지	손날목치기+손날목치기
		앞서기런지+앞서기런지+겨루기 스텝	
		왼무릎들기+왼앞차기+오른무릎들기+오른앞차기	
		왼앞차기+오른앞차기+뒤로위항제자리	

1 - 2 - 3 - 2 - 4 - 5 - 6

7) 태권도 안무 작성지 사례 6(실버태권도 상체·하체 스트레칭)

작품명	아파트(의자, 앉아, 서서, 스트레칭)	주요 대상	실버	계층
작품의 목적	오래 앉아 있는 신체의 감각을 깨워 상체와 하체근육을 예열한다.			
방법 및 주의점	① 의자를 원형으로 놓고 서로 전체를 바라보며 진행한다. ② 왼손을 기본으로 하되 구분 없이 즐거운 마음으로 진행하도록 한다. ③ 태권도 기술 중 막기동작을 정확히 지도한다. ④ 순서에 따라 순차적으로 지도한다. ⑤ 끝난 후 초시계를 이용하여 심박수를 측정한다(10초동안 숫자)			

카운트	신체 운동		동작군
8 88 8888	간주(8박 쉬고)	목과 몸통 스트레칭	8박쉬고, 목운동 2회, 몸통운동 2회
8888 8888	간주	상체 감각 깨우기	박수(8), 손날(8)×2회, 박수(8), 어깨내려(8) ×2회
8888 8888	별빛이 흐르는 다리를~	몸 깨우기	손털기 앞(8), 앞으로(8), 옆으로(8), 위로(8)
8888 8888	그리운 마음에 전화를~	상체 스트레칭	깍지 앞(4) 앞으로(4) 늘리기(8), 깍지 앞(4) 위로(4) 늘리기(8), 목뒤깍지(4) 위로(4) 뒤로(8)×2회

8888 8888 8888 8888 8888 8888 8888 8888	흘러가는 강물처럼~	태권도 기본 막기	무릎(2) 박수(2)×2회 아래, 몸통, 얼굴, 바깥, 안팎목, 손날, 거들어앙손날, 표적이래치기
8888	간주	하체 감각 깨우기	마사지 아래로(8) 위로(8)×2회
8888 8888	흘러가는 강물처럼~	하체 스트레칭	앞으로(8) 늘리기(8), 앞바안스(4) 늘리기(4), 안으로(4) 늘리기(4), 좌(4) 우(4)
8888 8888	아무도 없는 아무도~	하체, 몸통 근력운동	무릎올리기(4) 틀기(4)×2회
8888 8888	아무도 없는 아무도~	하체 근력운동	무릎올리기(4) 펴기(4) 점기(4) 내리기(4)×2회
8888	간주	고관절 스트레칭	발목올려고관절스트레칭(8)×2회

순차적 : 1 - 2 - 3 - 4 - 5 - 6 - 7 - 8 - 9 - 10

8) 태권도 안무 작성지 사례 7(자유품새 교안 1분 30~40초 이내)

경기용 자유품새	어울림(the games 중 부드러우면서 웅장한 느낌)	시간	1분 35초
작품의 목적	다섯 가지 필수 동작이 잘 어우러지도록 현대무용을 가미한 늘림과 단향을 반복하며 공간적 태권도 동작요소로 구성함에 따라, 태권도와 무용의 공간적 아울림을 휘몰이가는 듯한 태권도 작품이다.		

전체적인 동작내용 구성

1) 03'   2) 25'   3) 35'   4) 43'   5) 1:01'   6) 1:15'   7) 1:35'

전체구성
(큰 단락구성)

① 중앙 뒤쪽에서 시작해 내려막기 후 측전 후 뒤공중 후 내려막기 자세
② 박자가 바뀌는 부분에 맞추어 뛰어옆차기(대각선)
③ 마지막 소리가 커지는 부분에 맞추어 다단발차기(4회)
④ 무음 부분에 맞추어 회전발차기(720도)
⑤ 웅장한 북소리의 시작 부분에 맞추어 연결발차기(스텝2회, 뒤로스텝, 연결발 5회)
⑥ 더욱 재촉하는 북소리 부분에 연결발차기(땅짚고 돌려차고 팔팀 및 손잡고 애열리얼 연속기)
⑦ 결정부분에 맞추어 아그로바틱 후 마무리 해쳐막기(측전 공중 3회)

V. 태권도 안무의 실제 135

세부구성 (단락별 세부동작구성)		
	1	중앙에서 시작, 뒤굽중 후 무릎발 세워 천천히 일어나 거룸 준비자세, 아래막고 전진 주먹지르기, 두발 당성차고 턴차기 후 주먹지르기 후 손날 제비품 막지기
	2	해쳐아래막기 준비서기, 내려막고 측전뒤공중차기 후, 묵지고 바위밀기 후 뒤돌아뒷차기
	3	멍에지고, 바깥막고 원투, 뒤돌아 앉아옆차기, 허리숙여치지르고 밀어차기, 뒤돌아 사이드주먹지르기 백스텝으로 산틀 막고, 이어서 다단발차기(4회)
	4	거듭아아래막고 에열리언 후 옆지르기, 앉아틀려차고 360턴발차기 자세 접고 720턴발차기
	5	훗신솔 회전하면서주먹지르기(2회), 대각선빠른발돌려차기, 나래차기(4회), 빠지면서반아차기 후 돌려차고 턴차고 540 턴발차기(연결 발차기)
	6	날개펴기 후 왼쪽뒷쪽으로뒷후리기 돌러차고 턴차고 팔턴차고 손잡고 에열리얼 뒤쪽으로 연결동작
	7	제비품 막지고 해쳐아래막기(숨고르기) 후 측전아크로로바틱(공중 3회)후 해쳐아래막기 마무리

9) 태권도 안무 작성지 사례 8(태권도 시범 15분 프로그램)

번호	공연내용 (난위도 강도 점점 강하게)	시간	준비물	안무내용 (●격파자/ ○보조자)
1	칼 퍼포먼스 입장 장애물딛고던져 뒤공중회전1단계	1:30'	스모그 칼 의상 송판2	입장시 스모그
2	여성무사 칼단독군무 소연합	1	칼	
3	깃발퍼포먼스(4명) 사이드 2명씩입장 방패입장. 여전사 720도 뒤돌아 3단계 격파 뛰어옆차기 뛰어앞차기 깃발퍼포먼스(2인)	1:30	깃발4 방패2 송판5	
4	맨손호신술 4인 / 봉호신술 2인	2		
5	540도뒤후리기 A탑격파 하우스턴 1단계격파 뒤공중회전앞차기 2단계격파 720도돌려차기 2단계격파 체공 8단계격파	1	송판14	
6	양발고축&뒤공줄돌아앞차기 2단계 역회전 720도돌려차기격파×2	1	송판8	
7	투척3종세트 & 택배세트 장애물딛고 던져차고 비틀어훌 장애물딛고 돌려차고 비틀어훌 2바퀴	2	기구1 송판	
8	다방향 무사 연속격파	1	칼 송판15	

9	540도 3단계격파(차고 퇴장) 720도 3단계격파(차고 퇴장) 900도 4단계격파(차고 퇴장) 1080도 2단계격파	1:30'		
10	장애물딛고 돌려차기 2단계격파 장애물딛고 720도돌려차기 2단계격파 장애물딛고 역뒤공중격파 장애물딛고 뒤공중돌아 앞차기 7단계 장애물딛고 비틀어 회전격파 장애물딛고 세바퀴훌턴돌려차기	1:30'	기구9 손잡이3	
11	연합동작 장애물딛고 뒤공중앞차기 2단계	1	기구 1	

3. 평가방법

1) 태권도 안무 평가

기술평가와 창작평가로 나누어서 평가하기를 권장한다.

(1) 기술평가는 기술(20점), 정확성(20점), 숙련성(20점), 표현성(20점), 기타(20점)로 총 100점으로 구성된다.

평가	영역	평가기준	하		중		상		합계
기술평가 (100점)	기술(20점)	수준 높은 동작을 잘 실행하는가?	6	7	8	9	10		
		어려운 동작을 정확하고 완벽하게 실행하는가?	6	7	8	9	10		
	정확성(20점)	바른 자세로 실행하는가?	6	7	8	9	10		
		움직임에 있어 균형을 이루어 실행하는가?	6	7	8	9	10		
	숙련성(20점)	기본 동작과 어려운 동작 모두 완벽히 실행하는가?	6	7	8	9	10		
		실수 없이 실행하는가?	6	7	8	9	10		
	표현성(20점)	완성된 움직임으로 동작을 표현하는가?	6	7	8	9	10		
		표정과 눈빛을 자신감 있게 표현하는가?	6	7	8	9	10		
	기타(20점)	음악 박자에 맞추어 동작을 실시하는가?	6	7	8	9	10		
		리듬감 있게 동작을 실시하는가?	6	7	8	9	10		

(2) 창작평가는 창의성(20점), 다양성(20점), 협동성(20점) 총 60점으로 구성된다.

평가	영역	평가기준	하		중		상	합계
창작평가 (60점)	창의성(20점)	새로운 주제, 생각으로 창작하였는가?	6	7	8	9	10	
		주제를 표현하기 위한 동작이 포함되었는가?	6	7	8	9	10	
	다양성(20점)	공간(무대)을 고르게(앞-뒤-좌-우-사선)사용하였는가?	6	7	8	9	10	
		팀원 간의 대형변화가 적절히 이루어졌는가?	6	7	8	9	10	
	협동성(20점)	팀원 간의 동작이 일치하는가?	6	7	8	9	10	
		팀원 간의 표정, 스킨십이 이루어지는가?	6	7	8	9	10	

2) 태권도한마당 태권체조 평가

정확성(4.0)과 연출성(6.0)으로 나누어 평가한다.

채점항목	세부기준항목	점수
정확성(4.0)	동작의 정확성(태권도 동작의 정확성)	2.0
	지정기술동작(한마당 규정에 명시된 지정기술동작)	2.0
연출성(6.0)	숙련성(리듬과 동작의 조화)	2.0
	표현성(동작 표현과와 음악과의 조화)	20
	창작성(독창적 연출과 예술성)	2.0

한마당의 지정기술동작으로는 거듭옆차기 2회, 돌려차기 상단 2회, 뛰어옆차기 2회, 뒤후려차기 2회, 돌개차기 2회, 아크로바틱 2회, 태권도 손동작 10회 이상으로 지정되어 있으며 대회특성에 따라 달리할 수 있다.

3) 태권도한마당 창작품새 평가

정확성(4.0)과 연출성(6.0)으로 나누어 평가한다.

채점항목	세부기준항목	점수
정확성(4.0)	동작의 정확성[태권도 기술동작(기본자세 및 기본동작)의 정확성]	2.0
	지정기술동작(한마당 규정에 명시된 지정기술동작)	2.0
연출성(6.0)	숙련성(속도의 완급, 힘의 강약, 균형, 리듬)	2.0
	동일성(팀 동작의 동일성)	20
	창작성(품새의 구성, 품새의 가치, 품새의 유형)	2.0

한마당 규정에 명시된 구성은 가름옆차기 2회, 뛰어옆차기 2회, 뒤차기 2회, 뒤후려차기 2회, 돌개차기 2회, 540도뒤후려차기 2회(국내 주니어Ⅰ, 시니어Ⅱ 제외)의 지정동작이다.

4) 세계태권도연맹 자유품새 평가

정확성(4.0)과 연출성(6.0)으로 나누어 평가한다.

채점항목	세부기준항목		점수
기술력(6.0)	발차기 난이도	뛰어옆차기	5.0
		뛰어 찬 발차기 수	
		회전수	
		겨루기방식 연속발차기	
		아크로바틱 발차기기술	
	기본동작 및 실용성		2.0
연출성(4.0)	창의성		4.0
	조화		
	기의표현		
	음악 및 안무		

음악 및 안무의 경우 수행 품새의 전반을 보고 얼마나 음악과 안무가 잘 어우러졌는지를 평가한다.

참고문헌

저서

강익필(2015). 태권도 공인품새 해설 II. 서울: TKDSANA.

국기원(2005). 태권도교본, 서울: 오성출판사.

국기원(2006~2012). 태권도 기본교재 4. 태권도 기술. 서울: 상상나무

국기원(2019). 세계태권도한마당 경기규정.

대한태권도협회(2020). 품새경기규칙.

송영희(2015). 에어로빅스 지도자 핸드북. 서울: 대경북스.

신상미, 김재리 공저(2010). 몸과 움직임 읽기: 라반 움직임 분석의 이론과 실제. 이
　　화여자대학교출판문화원.

전정우, 송선영 외(2019). 지도자를 위한 태권체조 이론 및 실제. 대한미디어.

조성연, 김성수, 이재현, 강선구, 박영찬(2009). 키 쑥쑥! 어린이 태권성장체조. 대경
　　북스.

저작물

대한태권도협회(2007). 공인태권체조 1~5장 동영상 DVD.

학위논문

곽택용(2012). 태권도 시범의 공연예술로서 가능성 탐색. 박사학위논문, 성균관대학
　　교 대학원.

김수현(2009). 초등학생의 태권체조 참여에 따른 유희적 가치탐색. 석사학위 논문,
　　고려대학교 대학원.

송선영(2010). 태권도 수련생의 태권체조에 대한 즐거움 인식. 석사학위논문, 경희대
　　학교.

이숙경(2012). 세계태권도품새대회 참가자의 도복선택속성과 브랜드이미지, 소비자
　　행동의 관계. 박사학위논문, 경희대학교 대학원.

학술논문

김경섭, 최병학(2018). 태권도 공연시범자의 개인적 특성, 공연몰입, 공연만족, 공연

지속행동 간의 영향관계. 한국체육과학회지, 27(6). 351-371.

김기동(2012). 세계태권도한마당의 변천과정. 한국체육대학원 석사학위논문.

김미현(2007). 대학태권체조 시범단의 신체적 자아개념 연구. 한국스포츠리서치.

김홍석, 송선영(2017). 태권도 전공생이 인식하는 태권체조 발전방안. 무예연구, 11(1), 59-72.

박태승, 강지현, 전익기(2010). 태권도시범공연의 이미지 포지셔닝에 관한 연구. 한국사회체육학회지, 41호, 1037-1047.

박태승, 전익기(2011). 공연관광물로서의 태권도공연에 관한 연구. 관광, 레저연구, 23(7), 429-447.

송선영, 조성균, 곽정현(2011). 태권체조 지도자의 지도유형이 즐거움인식 및 자기표현에 미치는 영향. 무예연구, 5(2), 93-115.

송선영, 이선희, 곽정현(2016). 태권체조 작품의 안무학적 특성; 루돌프라반(Rudolf Laban)의 '움직임 공간' 중심으로. 한국체육과학회지, 25(3), 361-370.

안근아(2016). 태권도 융복합 공연의 도전과 과제. 한국스포츠학회지, 14(4), 671-680.

안근아(2018). 태권도 자유 품새 음악에 대한 의미 고찰. 한국스포츠학회지, 16(4), 1139-1147.

안미아(2015). 생활체육 활성화를 위한 태권체조의 방향성. 한국스포츠학회지, 13(3).

윤정욱(2014). 태권도공연예술 공연자의 계획행동과 사전지식의 상호작용효과가 공연지속의도에 미치는 영향. 한국체육과학회지, 23(4), 183-196.

이미연, 강지현(2010). 생활체육으로써 태권체조에 대한 인식과 참여의도에 관한 연구. 경희대학교 스포츠과학연구원.

이미연, 전익기(2014). 태권체조 지도자의 전문성 형성에 관한 연구. 국기원연구소.

이숙경(2014). 논버벌 공연평가요인이 관람만족, 재관람 및 추천의사에 미치는 영향. 한국여성체육학회지, 28(2), 1-17.

이정학, 임신자, 이숙경(2013). 태권도공연관람자의 지각정도에 따른 공연가치와 관람만족, 추천의사의 관계. 한국사회체육학회지, 52(1), 237-249.

전익기, 이선희(2009). 태권체조의 평가기준 마련을 위한 태권도와 에어로빅 스텝의 비교분석. 무예연구, 3(1), 41-55.

정재환, 윤오남(2011). 태권체조 제작 원리 연구. 대한무도학회지, 13(3), 33-46.

홍미성(2007). 웰빙댄스로서 태권체조의 가치에 대한 인식. 대한무용학회논문집, 52(2), 385.

홍성택, 이숙경(2018). 태권도공연의 브랜드자산이 브랜드태도, 몰입, 추천의도에 미치는 영향. 연기예술연구, 11, 121-136.

저자 약력

송선영
태권도움직임 연구소장
경희대학교 체육대학원 체육학 박사
경희대학교 태권도학과 강사
국기원 품새 실기강사
대한태권도협회 도장분과 강사
대한태권도협회 품새 상임심판

이숙경
전주대학교 경기지도학과 태권도전공 교수
경희대학교 일반대학원 체육학 박사
홍익대학교 일반대학원 문화예술경영 박사과정
2009~2011년 세계태권도품새선수권대회 1위
2012년 아시아태권도품새선수권대회 1위
국기원 품새 실기강사

이선희
경희대학교 체육대학원 겸임교수
경희대학교 대학원 체육학 박사
KBS 스포츠예술원 지도교수
한국교육재단 전략기획 팀장
한국무예학회 학술이사
한국여성스포츠회 운영이사
스포츠에어로빅 안무가
태권체조 안무가

음악과 함께 하는 태권도 안무론

초판발행	2020년 3월 18일
지은이	송선영·이숙경·이선희
펴낸이	안종만·안상준
편 집	최은혜
기획/마케팅	이영조
표지디자인	박현정
제 작	우인도·고철민
펴낸곳	(주) 박영사
	서울특별시 종로구 새문안로3길 36, 1601
	등록 1959. 3. 11. 제300-1959-1호(倫)
전 화	02)733-6771
f a x	02)736-4818
e-mail	pys@pybook.co.kr
homepage	www.pybook.co.kr
ISBN	979-11-303-0957-6 93690

정 가   14,000원